bup
BERLIN UNIVERSITY PRESS

Udo Di Fabio
Gewissen, Glaube, Religion
Wandelt sich die Religionsfreiheit?

Berlin University Press

Berliner Reden zur Religionspolitik,
hg. v. Rolf Schieder

Band 1

Udo Di Fabio
Gewissen, Glaube, Religion
Wandelt sich die Religionsfreiheit?

Zweite, erweiterte Auflage im Februar 2009
© Berlin University Press 2009
Alle Rechte vorbehalten

Ausstattung und Umschlag
Groothuis, Lohfert, Consorten | glcons.de
Satz und Herstellung
Bernd Krüger, Berlin
Schrift
Borgis Joanna MT
Druck
DruckPartner Rübelmann, Hemsbach
ISBN 978-3-940432-26-1

Anmerkungen 143

Vorwort

Mit der Freiheit des Glaubens und des Gewissens beginnt das neuzeitliche Rechtsdenken. Von hier aus entfalten sich Menschen- und Grundrechte: Rechte, die jeder für sich beanspruchen kann, die jede politische Herrschaft gegen sich gelten lassen muss. Die Freiheit, über das religiöse Bekenntnis selbst zu entscheiden und selbst zu urteilen, war die große tektonische Verschiebung des christlichen Abendlandes. Sie war umstritten, umkämpft, Furcht auslösend und Hoffnung gebend. Es hat Jahrhunderte gedauert bis der Verlust von mittelalterlicher Einheit und Gewissheit überwunden und durch eine plurale und liberale Ordnung abgelöst wurde, die die Religionsfreiheit umfasst.

Die politische Aufklärung des 17. und 18. Jahrhunderts machte die Religion zur Privatsache. Der aufklärerische Geist war in der Tendenz eher religionsfeindlich. Die Aufklärer setzten auf den modernen Staat, die öffentliche Meinung, auf die Wissenschaft, auf die Vernunft, um gegen Rückständigkeit, Vorurteile und ungerechte Herrschaft eine helle Zukunft zu gewinnen. Doch diese Selbstbeschreibung eines dramatischen Kampfes des Lichtes gegen die Mächte der Dunkelheit war auch ein Zerrbild – nicht ganz falsch, aber doch eine gefährliche Vereinseitigung, die nicht nur hartnäckigen Widerstand, sondern auch kapitale Irrtümer heraufbeschwor. Nicht nur der Schlaf, sondern auch die Träume der Vernunft haben manches Ungeheuer zur Welt gebracht, ganz wie in *Goyas* berühmter Radierung gezeigt: »El sueño de la razón produce monstruos«.

Dennoch schien es für lange Zeit so, als habe die Neuzeit einen unaufhaltsamen Prozess der Individualisierung und Säkularisierung in Gang gesetzt, der nach und nach den traditionellen Kirchen und Glaubensbekenntnissen den Boden entziehen müsse. Vieles deutet heute darauf hin, dass ganze Landstriche und soziale Milieus religiös gänzlich »unmusikalisch« sind, die kulturbildende Kraft der Kirchen immer schwächer wird und mancherorts kaum noch spürbar bleibt. Wo der Glaube versandet, scheint aber auch das Gewissen an Wirkkraft zu verlieren, und zwar als eine eigenwillige sittliche Steuerungsinstanz, zu finden in jedem einzelnen Menschen. Damit schwindet eine Voraussetzung dafür, dass die lenkenden Zügel und die Kontrollen der kollektiven Mächte bis auf ein Minimum zurückgefahren werden können und persönliche Freiheit herrsche.

Die Annahme, der Prozess einer wissenschaftlichen, wirtschaftlichen und rechtlichen Rationalisierung der Welt werde immer weiter gehen, eine Linearität des Fortschritts sein, hat sich als trügerisch erwiesen. Die Geschichte kennt gewiss große Entwicklungslinien und strukturelle Zwangsläufigkeiten, aber sie kennt keine berechenbaren Gesetzmäßigkeiten, keinen großen Plan, keinen Telos des Unausweichlichen. Gänzlich überraschende Ereignisse, abrupte Richtungsänderungen, Verluste von Traditionen und Ordnung, ebenso wie ihre Wiederentdeckung, ihr Wiederaufleben in neuer Form, die Macht der Ideen und der Weltdeutungen, die komplizierte Mechanik gegenläufiger Gleichzeitigkeiten: Auf all das muss eine wirklich aufgeklärte Gesellschaft vorbereitet sein.

Westliche Gesellschaften sind in eine Schwebelage geraten, vieles wird zweideutig. Die Säkularisierung geht weiter, ebenso wie die Individualisierung der Lebensstile. Zugleich mehren sich Rufe nach neuer Sittlichkeit und regt sich eine religiöse Suche nach Lebenssinn. Allerdings wachsen an manchen Stellen auch überwunden geglaubte Muster des Fundamentalen. Bei Frommen wie bei Agnostikern kehren gescheiterte Rezepte der Wirklichkeitsflucht wieder. Die Gesellschaft verliert ein gutes Stück ihrer ideellen Mitte, sieht sich zerklüftet in parallele, aber sprachlos nebeneinander stehende Sozial- und Erlebnisräume. Wir stoßen auf alte Fragen in neuen Zuspitzungen: Beamtinnen, die ihr Haupt unbedingt verhüllen wollen, junge Männer, die ihre eigene Schwester verstoßen oder sogar töten, weil sie die Familienehre verletzt sehen, die aggressive Wut gegen Karikaturen, die religiöse Gefühle verletzen können, die Suche nach neuer Spiritualität in fernöstlichen Religionen, die neuen weltlichen Formen der Askese im Trainieren und Pflegen des eigenen Körpers, das Wiederaufleben schon totgesagter kirchlicher Gemeinden inmitten einer allgemeinen Erosion des Gemeindelebens.

Die hier vorgelegten sechs Reden fragen jenseits der üblichen linearen Gewissheiten, was die Religion für die Kultur einer freien Gesellschaft bedeutet. Wie hat unsere Rechtsordnung, wie hat unser Grundgesetz das Verhältnis von Staat und Religion geregelt, was ist unsteter Relativismus, wo endet die Toleranz und wo muss sie sich üben und bewähren? Alle Beiträge kreisen um die Auffassung, dass die aufgeklärte Vernunft, dass verfasste Freiheit, Demokratie, Rechts- und Sozialstaat, eine offene Welt des Handels und Wandels, die Vielfalt der Lebensstile und Eigenwilligkeiten nur dann eine Zukunft haben, wenn die Kinderkrankheiten der ersten Stufe der Aufklärung hinter uns liegen und uns nicht jeden Tag heimsuchen. Zu den Kinderkrankheiten einer solchen »bornierten Aufklärung« (*Jürgen Habermas*)[1] gehört die rigide Ablehnung der Religion. Viele fürchten um Vernunft, um Toleranz und um den Geltungsanspruch der demokratischen Rechtsordnung, wenn der Glaube an Übernatürliches wieder Leidenschaften entfachen sollte. Andere weigern sich, zwischen den mitunter sehr verschiedenen Glaubensbekenntnissen und Religionen zu unterscheiden, so dass bedenkliche Entwicklungen bei wenigen den vielen anderen zugerechnet werden.

Aus Furcht vor Unvernunft sollte sich niemand unvernünftig verhalten. Man kann Glauben respektieren ohne ihn zu teilen, an Gott und Vernunft kann auch zugleich geglaubt werden, wenn ein Bild unserer Kultur zu Grunde liegt, das mehr als nur eine Dimension besitzt. Mit einem solchen Bild wächst vielleicht auch die Einsicht, dass unsere Rechts- und Werteordnung zwar alles andere als religiös durchsetzt und keine Spur theokratisch ist, aber sie doch eine historische Erfahrung der gemeinsamen Entwicklung von weltlicher Herrschaft und religiösem Glauben verkörpert. Der Verfassungsstaat zeigt eine wohlwollende Neutralität, wenn sich Glaube und Gewissen eigensinnig entfalten, solange sie nicht den gemeinsamen Boden einer liberalen Rechts- und Verfassungsordnung verlassen. Dort allerdings, wo die Wertegrundlagen der Freiheit, die Gleichheit vor dem Gesetz verneint, wo es an Achtung vor der Würde des Menschen fehlt und die Wertegrundlagen der Demokratie bekämpft werden, dort enden die Toleranz und das Wohlwollen, ohne dass man deshalb gleich in den Habitus einer martialischen Feindbekämpfung fallen müsste.

Nachdem die erste Auflage rasch vergriffen war, bot sich die Möglichkeit, diesen Band um einen weiteren Beitrag zu ergänzen. Die Vortragsform ist beibehalten, einige Wiederholungen und Überschneidungen sind deshalb unvermeidlich, können aber auch die Sache verdeutlichen.

Bonn/Karlsruhe im Januar 2009

A.
Gewissen, Glaube, Religion:
Wandelt sich die Religionsfreiheit? [1]

I. Vom Krieg zur Freiheit: Religion
in der europäischen Neuzeit

Der vierte Artikel des Grundgesetzes schützt mit seinem ersten Absatz die Freiheit des Glaubens, des Gewissens und die des religiösen und weltanschaulichen Bekenntnisses. Diese Freiheiten sind unverletzlich. Schon die Formulierung »unverletzlich«, die beinah die Intensität der »unantastbaren« Menschenwürde erreicht, macht einen besonderen Rang der Grundrechtsverbürgung deutlich[2]. Für manche ist die Religionsfreiheit die Mutter der Grundrechte, der eigentliche Grund ihrer Existenz. Gewiss: »Habeas Corpus« ist älter. Aber die Neuzeit jedenfalls beginnt im Konflikt zwischen der christlichen Weltdeutung des Mittelalters und dem neuen humanistischen Rationalismus, und sie beginnt mit dem Konfessionskonflikt der Reformation, beides ist ineinander verschlungen.

Die Glaubens- und Religionsfreiheit scheint heute lediglich als ein Grundrecht unter vielen, und vielleicht ist das im Ergebnis auch richtig. Aber in der historischen Entwicklung gilt dies nicht. Die beträchtlichen Geburtswehen der Neuzeit hatten ihre Ursache im rivalisierenden Anspruch auf die eine Wahrheit, in die die politische

Herrschaftsordnung verwickelt wurde. Spätestens mit der Reformation war das Beharren der päpstlichen Kirche auf Universalität, Einheit und Glaubensgehorsam nicht mehr durchsetzbar, die »konstantinische Verbundenheit der geistlichen und weltlichen Gewalt« war aufgebrochen[3]. In den sich von Rom längst emanzipierenden neuen Staaten Westeuropas und dann auch im Heiligen Römischen Reich erlebte man dies zunächst als Konflikt der neuen Territorialfürsten mit den alten Mächten mittelalterlicher Einheit. Es ging um das Recht der Fürsten, ihr Bekenntnis souverän, also frei zu wählen und dann ganz selbstverständlich Glaubensgehorsam von ihren Untertanen zu verlangen. Die sog. Fürstenreformation des »cuius regio, eius religio« war der Nukleus landesherrlicher Souveränität, aber noch kein Grundrecht.

Doch unter der Oberfläche der politischen Kämpfe, die sich in der französischen Bartholomäusnacht, im Dreißigjährigen Krieg und den englischen Verfassungskonflikten entluden, schwelte das geistige Feuer des Humanismus. Ohne diese neue große Erzählung vom Menschen in der Welt ist nichts von der Neuzeit zu verstehen, auch und gerade die Grundrechte nicht, die das legitime Kind des humanistischen Rationalismus sind. Hier steht der Mensch als Individuum im Mittelpunkt, stark, mutig und vernunftbegabt, fähig und dazu berufen, sein eigenes Schicksal zu gestalten. Der Mensch des Renaissancehumanismus versteht sich gottesebenbildlich und nicht gottesfern, deshalb ist auch sein Zugang zu Gott und seine Verantwortung vor ihm in die eigene Hand und damit die Axt an jede Vorstellung von unkonzessioniertem

Glaubensgehorsam gelegt. Jeden einzelnen Menschen kompromisslos in den Mittelpunkt der Welt zu stellen, ja danach die Welt zu erklären und zu deuten, war eine ungeheuerliche Zäsur. Sie bringt die alte harmonische Ordnung mit ihren festen Positionen und Gewissheiten zum Einsturz.

Wer daran glaubt, dass der Mensch in seinem Verstandesvermögen, in seinem Bewusstsein von sich und seiner Fähigkeit zur Rezeption ein eigenes Universum ist, der erst kann ihn in seiner Dignitas absolut und als Subjekt axiomatisch denken, kann von dort aus intersubjektive Überprüfbarkeit von naturwissenschaftlichen Wahrheitsansprüchen verlangen: also auf moderne empirische Forschung bestehen. Auf eine solche – im Evolutionsverlauf eher unwahrscheinliche – Idee, wie die Wahrheitsermittlung durch experimentell ansetzende, empirische Forschung zu binden, wäre niemand gekommen, der in einer harmonischen, göttlichen Weltordnung lebte, mit ihren Offenbarungen und Mysterien. Aber wer den Sitz der Einheit der Welt in das subjektive Bewusstsein des einzelnen Menschen verlegt, der findet diese Art der Vergewisserung ganz konsequent, und er wird auch die Vorstellung von gleicher Rechtssubjektivität nahe liegend finden.

Das "cartesianische Ich" ist aber nicht nur eine Prämisse für neuzeitliche Erkenntnis- und Wahrheitsprobleme, sondern mindestens ebenso grundlegend für die Möglichkeit einer sozialen Ordnung, die mit der Freiheit der Einzelnen verträglich sein soll. Doch der Humanismus denkt nicht primär an die richtige Ordnung, sondern wiederum an den Menschen, welche Eigenschaften ihn befähigen, soziale Ordnung aus sich heraus zu garantieren. Die Fähigkeit zu moralisch richtigem Handeln setzt nicht erst für *Martin Luther*, sondern schon für *Albertus Magnus* und *Thomas von Aquin* das Gewissen voraus. Mit dem Gewissen wird die humanistische positive Ich-Idee erst vollständig. Jene *conscientia* ist die kritische Begleiterin des agierenden Ichs, die Fähigkeit zur Selbstreflexion, zum Urteil in eigenen Angelegenheiten, und zwar über das was unbedingt gesollt ist. Die Fähigkeit dazu kommt von »außen«, aus Regeln und Normen der sozialen Welt, aus Erziehung und Bildung, genau damit gelingt die strukturelle Kopplung von Gesellschaft und Menschen, später von Staat und Bürgern. Lange vor *Thomas Hobbes* gibt es demnach eine liberale Antwort auf die Frage, wie eine Gesellschaft zusammenhalten soll, die auf den unwahrscheinlichen Fall gebaut ist, dass alle erwachsenen Menschen frei entscheiden können, sogar über ihr religiöses Bekenntnis.

II. Die Freiheit des Gewissens

Es ist also keineswegs ein redaktionstechnischer Zufall, dass Artikel 4 Absatz 1 GG Glauben und Gewissen zusammenführt. Für *Luther* und die protestantischen Christen wird das eigene Gewissen zur höchsten Autorität, jedenfalls in Glaubensdingen[4], weswegen die Forderung nach individueller Glaubensfreiheit nicht ausbleiben kann, schon um ansonsten drohende Kollisionen mit dem glaubensgeprägten Gewissen zu vermeiden. Aber das Gewissen ist nicht nur eine *Prämisse der Glaubensfreiheit*, sondern es wird selbst *als Freiheit* formuliert. Denn anders als das Mittelalter versteht *Luther* die Tätigkeit des Gewissens als subjektive Leistung der Selbstbeobachtung, die zwar von äußeren Prägungen und Normen abhängt, aber immer doch in individueller Zwiesprache und nicht von außen anbefohlen vonstatten geht[5]. Hier liegt natürlich ein Akzent, der von den katholischen Christen und ihrem Kirchenverständnis, ihrer Art der Kommunität nicht so unvermittelt akzeptiert werden kann, und in der Vergangenheit auch bekämpft wurde.

Das ändert nichts daran, dass das Grundrecht der Gewissensfreiheit zur Glaubensfreiheit historisch parallel läuft, allerdings macht es in seinen Gewährleistungsgehalten seit jeher Schwierigkeiten. Denn die Freiheit des Gewissens entbindet in einer legitimen Ordnung nicht vom Gehorsam gegenüber der staatlichen Rechtsordnung, die aber wiederum eine echte Gewissensentscheidung zu respektieren hat[6], ohne ihre eigene Gültigkeit aufzugeben. Als Ergebnis der Fälle von Gewissenkonflikten kann Strafmilderung, selten allerdings der Verzicht auf Schuldfeststellung stehen, die Achtung der Gewissensfreiheit führt zu einer Art Sanktion mit wohlwollender Konnotation[7]. Wer die Prüfung des Gewissens etwa bei so genanntem zivilen Ungehorsam oder früher im Rahmen der Kriegsdienstverweigerung (Artikel 4 Absatz 3 GG) für unzulässig hält, muss in Kauf nehmen, dass dann auch das Gewicht der Gewissensentscheidung, ebenso wie das Ansehen der im Einzelfall konfligierenden institutionellen Werte abnimmt.

Gewissensentscheidungen können sich immer wieder aktualisieren, so wie jene Befehlsverweigerung, die bereits die Entwicklung einer Software ablehnt, die für den nach Überzeugung des Soldaten völkerrechtswidrigen und damit für ihn zugleich unethischen Irak-Krieg mittelbar nutzbar war[8]. Wer die Funktionsfähigkeit der Streitkräfte als mit der Gewissensentscheidung abzuwägende Größe dagegen stellt, könnte durchaus auch dann Probleme mit einer folgenlosen Befehlsverweigerung haben, wenn die Ernsthaftigkeit der Gewissensentscheidung außer Rede steht[9]. Eine solche Kritik würde wohl argumentieren, dass die Linie einer Sanktion mit wohlwollender Konnotation eben nicht verlassen werden sollte, solange die Gesamtheit der Rechtsordnung in ihrer Legitimität nicht begründet in Zweifel gezogen werden kann.

III. Glaubensfreiheit

Ungehorsam und Widerstand bleiben Klassiker des abendländischen Denkens, eines Denkens, dessen Argumentationsniveau heute manchmal eher unter- als überboten wird. Die Glaubensfreiheit hat dieselbe Gewährleistungsrichtung wie die Gewissensfreiheit. Aus dem Glauben wachsen Weltdeutung, Muster der Ich-Identität und die Moralität des sozialen Handelns, aber auch Tabus, Schamgefühle, ästhetische Standards und normatives Regelwerk. Wer in einem religiösen Kontext glaubt, der richtet seine Lebensführung danach aus und kann noch leichter als der in Gewissensnot befindliche Mensch in

Konflikt mit der weltlichen Rechtsordnung geraten: ein altes Problem, das die Antike mit dem Tyrannenmord (allerdings weniger als Gewissensproblem, sondern nach republikanischen Zweckmäßigkeitvorstellungen) diskutierte und dem sich *Thomas von Aquin* nach der Stoa erneut mit seiner Naturrechtsvorstellung in einer prä-modernen Weise annahm[10].

Wie nun reagiert die Rechtsordnung, wenn Glaubensüberzeugungen geltend gemacht werden, um Töchter vom koedukativen Sportunterricht fernzuhalten[11], wenn Frauen das Kopftuch nicht nur als Zeichen ihrer Würde verstehen, sondern auch als religiös auferlegtes Gebot, dem sie auch als Beamte im Dienst zu folgen haben[12]? Wie reagiert die Rechtsordnung, wenn Schülerinnen im Unterricht mit verhülltem Gesicht erscheinen, weil sie glauben, dass nicht nur Haare, sondern auch das Gesicht religiös und sittlich verbotene Reize aussendet? Was soll geschehen, wenn Studenten sich weigern, eine Klausur am Samstag zu schreiben, weil das für sie ein religiöser Ruhetag ist, während andere die Befreiung für notwendige Gebete oder die Einhaltung von Speisevorschriften in öffentlichen Küchen verlangen? Was ist, wenn der inzwischen verfassungskräftige Tierschutz (Artikel 20 a GG) auf das religiös hergeleitete Gebot des Schächtens trifft[13]? Und wo endet der Gewährleistungsgehalt der Glaubensfreiheit, wenn aus dem Glauben sittliche Pflichten zum Schutz der Familienehre bis hin womöglich zum so genannten Ehrenmord wachsen sollen? Was geschieht, wenn der in der Zahl gewachsene Teil der nicht religiös empfindenden Menschen sich auf *negative* Glaubensfrei-

heit beruft[14] und von religiösen Symbolen bis hin zum
Adventskranz, aber auch von religiös motivierten Tabui-
sierungen aller Art freigehalten werden will? Und was ist,
wenn Grundrechte miteinander in Einklang zu bringen
sind, wenn etwa die Meinungsfreiheit, jener Grundstein
einer liberalen Gesellschaft, mit dem Anspruch von Religionsgemeinschaften kollidiert, die in ihrem Glaubensbekenntnis nicht herabgewürdigt oder beleidigt werden
wollen?

Einige beschleicht Unbehagen, wenn solche Fragen
sich häufen. Sie sehen Gefahren für die Dignität, Konsistenz und Verlässlichkeit der Rechtsordnung, wenn sich jeder unter Berufung auf die Glaubensfreiheit Dispens von
Rechtspflichten oder doch von integrativ wirkenden kulturellen Gemeinsamkeiten erstreiten kann oder der Mehrheit seine Sicht der Welt mit dem schweren Geschütz der
Glaubensfreiheit gleichsam aufnötigen kann. Die alte
dogmatische Linie der Verfassungsrechtsprechung zur
Glaubensfreiheit, wonach das Recht bestehe, »sein ge-
samtes Verhalten an den Lehren seines Glaubens auszurichten und seiner inneren Glaubensüberzeugung gemäß zu handeln«[15], hat hier und da bereits die Mahnung
zur Beschränkung beim Umfang des als uferlos empfun-
denen grundrechtlichen Schutzbereichs laut werden lassen[16]. Soll man jedes Alltagsverhalten in der Rechtsanwendung mit besonderem Gewicht versehen können, wenn
man es als Ausdruck einer ganz subjektiv so verstandenen
Glaubensüberzeugung deklariert[17]?

Dass das Bundesverfassungsgericht, solchen Anre-
gungen folgend, womöglich die Glaubensfreiheit jeden-

falls bei der Bestimmung ihres Schutzbereichs oder bei der Gewichtung gegenüber anderen Verfassungsnormen restriktiver handhaben könnte, befürchten andere nun aber gerade wieder. So will es nicht jedem einleuchten, dass eine Kammer des Bundesverfassungsgerichts die Bestrafung von Eltern für verfassungsgemäß hielt, die ihre drei Töchter der Schulpflicht entzogen hatten, weil sie nicht wollten, dass ihre Kinder im Unterricht mit Evolutionstheorie und Sexualkunde, mit Werte- und Meinungspluralismus vertraut gemacht würden: Sie streben stattdessen Heimunterricht an. Das Gericht hat dabei nicht etwa den Schutzbereich der Glaubensfreiheit oder auch des elterlichen Erziehungsrechts enger gezogen[18], sondern lediglich eine klare dogmatische Aussage zur praktischen Konkordanz der hier beteiligten Verfassungspositionen gemacht. Die Spannungslage zwischen Glaubensfreiheit und Schulpflicht ist hierbei prägend.

An dieser Stelle lohnt es innezuhalten. Artikel 7 GG ist eine besondere Vorschrift im Kreis der Grundrechte, denn sie beginnt mit einer nur semantisch etwas versteckten Grundpflicht: »Das gesamte Schulwesen steht unter der Aufsicht des Staates« sagt Absatz 1, wobei die Erziehungsberechtigten nach Absatz 2 lediglich – aber immerhin – das Recht haben, über die Teilnahme des Kindes am Religionsunterricht zu bestimmen. Das wird wohl im Umkehrschluss bedeuten, dass die Eltern von Verfassungs wegen verpflichtet sind, ihre Kinder der staatlichen oder staatlich beaufsichtigten Schule anzuvertrauen. Warum ein solcher Bruch in der fast geschlossenen Linie der Freiheitsrechte, keine Schonung der Privatsphäre, sondern der Zwang, die Kinder aus dem Haus in die öffentliche Schule zu geben?

Man sollte die Kinder-, die Schul- und die Erziehungsvorschriften des Grundgesetzes im Zusammenhang sehen. Der Schutz von Ehe und Familie in Artikel 6 GG und der Schulartikel machen deutlich, dass hier sehr umsichtig ein Fundament der verfassungsstaatlichen Zukunft gelegt worden ist. Pflege und Erziehung der Kinder obliegen den Eltern, nicht nur als natürliches Recht, sondern als die ihnen zuvörderst obliegende Pflicht. Artikel 6 Absatz 2 Satz 2 GG verpflichtet wiederum die staatliche Gemeinschaft, über die Einhaltung der Elternpflicht zu wachen und im begründeten Einzelfall des Versagens und der Verwahrlosung einzugreifen. Hier stehen klar der Schutz der Kinder und ihre Erziehung zum verantwortlich handelnden Menschen im Vordergrund. Dies ist ein gesellschaftliches Fundamentalinteresse, das mit dem Schulartikel normativ vervollständigt wird: Denn die Schule ist neben den Familien der Ort, an dem mit Wissen, Erziehung und sozialer Begegnung die Voraussetzungen der Freiheit im Lebensentwurf von Kindern und Jugendlichen geschaffen werden. Die deutsche Verfassung will ein starkes Erziehungsrecht der Eltern und die Familien als autonomen Freiheitsraum, aber ebenso eine starke Schule als Erziehungs- und Bildungsinstitution. Nur wenn hier privater und öffentlicher Raum sinnvoll und sich wechselseitig respektierend ineinander greifen, gelingt die Erziehung zum Wohle der Kinder und zum Nutzen der Gesellschaft.

Das Bundesverfassungsgericht würdigt in dem sog. Homeschooling-Beschluss[19] in diesem Zusammenhang jedenfalls die integrative Bedeutung der Schulpflicht für eine freiheitlich-demokratische Gesellschaft. Es soll verhindert werden, dass Kinder von den geistigen Entwicklungslinien der Gesellschaft abgeschnitten werden. Familialer und religiöser Eigensinn muss sich – jedenfalls wenn es um Kinder geht – in der Gesellschaft bewähren und nicht in der von Eltern für die Kinder gewählten Isolation. Miteinander verzahnte Erziehung zuerst durch Eltern, dann durch den Staat in seinem Wächteramt und seiner Schulverantwortung, ergänzt auch durch religiöse Gemeinden und Kirchen: Das alles ist ein kontinentaleuropäisch gewachsener Weg, der gerade in der deutschen Entwicklung auch zu dem Ziel führen soll, soziale Integration und Chancengleichheit zu fördern, auch um der Entstehung von Parallelgesellschaften und der Fragmentierung von Wertesystemen entgegenzuwirken. Das Schulrecht der Länder muss dann allerdings, womöglich schon wegen der Erfordernisse praktischer Konkordanz, auch Wahlfreiheiten, Vielfalt und Mitwirkungsrechte bereithalten, damit Eltern wählen und in der Schule für ihre religiösen Glaubensinhalte eintreten können, im Rahmen des Vertretbaren. Eltern können nicht ohne weiteres für ihre zwölfjährige Tochter einen eigenen schulischen Schwimmunterricht verlangen, wenn dadurch Lehrkapazitäten gebunden werden, die anderswo fehlen. Es kann – unabhängig von der Ressourcenfrage – auch nicht erwartet werden, dass der ko-edukative Sportunterricht als ein Element des auf Gleichberechtigung und nicht auf geschlechtsspezifische Segregation bauenden Erziehungskonzepts aufgeben wird.

IV. Neutralität, Laizität und Religionsfeindlichkeit

Wer nach einem Wandel fragt, wird hier vielleicht auf eine erste Antwort stoßen. Unter den Bedingungen einer kulturell und religiös vergleichsweise homogenen Gesellschaft mit einem in das Neutralitätskonzept des säkularisierten Staates eingepassten modus vivendi des wechselseitigen Respekts waren Fragen der Gewissens- und Glaubensfreiheit durch einen außerrechtlichen Kontext des freundlichen Nebeneinanders entschärft. Deshalb konnte die Anwendung von Artikel 4 Absatz 1 GG auch vergleichsweise selbstbezogen und in der Abwägung durchsetzungsstark erfolgen, während heute vom Verfassungsinterpreten stärkere kontextuelle Anpassungsleistungen verlangt werden. Der gesellschaftliche Zusammenhang des Selbstverständlichen ist nicht mehr ohne weiteres vorfindlich. Das, was *Konrad Hesse* als Gebot praktischer Konkordanz so schön formulierte[20], bedeutet bei Lichte betrachtet nichts anderes, als die stete Aufgabe des Rechtsanwenders, Normen im systematischen Zusammenhang, das heißt eben nicht isoliert, zu betrachten. Wenn es um Glaubensfreiheit geht, haben viele den Eindruck, vor diesem hohen, vielleicht in seinem Gewährleistungsgehalt geradezu metaphysisch oder gar sakral verstärkten Grundrecht könne man profane andere Grundrechte oder Belange der staatlichen Gemeinschaft kaum abwägend ins Feld führen.

Hier ändert sich etwas. Das ist begrüßenswert und

doch auch Grund zur Besorgnis. Eine Entscheidung, die in die Zeit des Wandels fällt, war die sog. Kopftuchentscheidung des Bundesverfassungsgerichts. Wenn man das islamische Kopftuch der Frau vorrangig und in der überkommenen Grundrechtsinterpretation als religiöses Zeichen und als unbedingtes Glaubensgebot sieht, dann überstrahlt womöglich die Glaubensfreiheit aus Artikel 4 GG den ansonsten voraussetzungsreichen Kontext. Auch bei anderen Konflikten in der Schule stößt man auf die Frage: Ist die Glaubens- und Religionsfreiheit wichtiger als andere grundrechtliche Freiheiten der Kinder und der Eltern? Muss sie sich durchsetzen oder muss sie zurücktreten gegen demokratische Entscheidungen wie etwa die staatlich festgelegten Erziehungsziele und Bildungsinhalte?

Glaubens- oder Gewissensfreiheit scheinen in ihrem Ernst und ihrer Unbeugsamkeit fundamentaler, bedeutsamer als bloße beamtenrechtliche Pflichten, gewichtiger als das abstrakte Neutralitätsgebot des Staates, sie scheinen vielleicht gewichtiger sogar als Schulfrieden oder Elternrecht. Die Bewerberin für das Amt der Grundschullehrerin darauf zu verweisen, dass jedenfalls im Dienst zunächst die Dienstpflicht und erst danach der grundrechtliche Freiheitsschutz zur Geltung gelangen, das will viel leichter einleuchten, wenn es um Weltanschauung, politische Stellungnahmen oder modische Expressivität geht. Deshalb hat das Bundesverfassungsgericht auf einen besonderen Gesetzesvorbehalt erkannt[21], wenn die Einstellungsbehörde die Kompromisslosigkeit der Bewerberin im Hinblick auf das Tragen des Kopftuchs im Schulunterricht oder ihre Weigerung, Männern die Hand zu geben, als Eignungsmangel werten will.

In der kritischen Auseinandersetzung mit dieser Entscheidung tauchte auch das Argument auf, man dürfe jenen sehr hohen Kammerton der Glaubens- und Religionsfreiheit nicht länger anstimmen, wenn man sich vor Augen halte, dass es womöglich künftig verstärkt um Glaubensinhalte und Glaubensrichtungen geht, die aus jenem – inzwischen friedlich gewordenen – ko-evolutionären Verhältnis zwischen weltlicher Rechtsordnung und Religion ausscheren oder in diese Kooperationsbeziehung noch nie eingepasst waren. Am Horizont taucht bereits die Radikalisierung dieses Ansatzes auf, nämlich die Abwertung des Grundrechts zu einer nicht länger dem Gemeinwesen förderlichen, sondern potentiell gefährlichen Erscheinungsform der Freiheit: gefährlich, weil im Konflikt liegend mit der Zivilreligion des Verfassungspatriotismus und der objektiven Werteordnung der Grundrechte[22].

Kann oder muss man den islamischen Gottesglauben auch mit seinen kulturellen und politischen Einheitsvorstellungen in Staaten mit christlicher Geschichte und konfessionspolitischer Neutralität integrieren, darf man Anpassung verlangen oder wird man stattdessen sein eigenes Konzept im Umgang mit Religionen zu ändern haben? Wenn man nicht Acht gibt, könnte der Weg von der wohlwollenden Neutralität des Staates gegenüber dem religiösen Bekenntnis über die Zwischenstation einer indifferenten Laizität schließlich zu einer Politik führen, die auf Eindämmung religiöser Lebensformen zielt. Am Ende stünde dann eine Politik des antireligiösen Affekts, eine Politik, die verschärfte Integration mit ihren Mitteln gegen jedes religiöse Bekenntnis durchsetzen will, also eine Integration in eine staatlich politisch geprägte, zweckrational vernünftige, der säkularen Werteordnung des Grundgesetzes entsprechende Erziehungswelt. In dieser Welt gäbe es keine positive Referenz für das religiöse Bekenntnis, sondern lediglich Distanz.

V. Religion und die normative Selbstdeutung der Gesellschaft

»Nun sag, wie hast du's mit der Religion?« Das ist nicht umsonst die entscheidende Frage Gretchens an Doktor Faust, sie verlangt auch vom Verfassungsstaat eine Antwort. Die deutsche Konzeption einer konfessionellen und religiösen Neutralität eines Staates, der sich ohne Parteinahme wohlwollend zu den religiösen Bekenntnissen insgesamt verhält, wird in Zweifel gezogen, aber auch verteidigt[23]. Darf der Staat – darüber hinausgehend – unterscheiden zwischen jenen konstruktiv und sozialintegrativ wirkenden Religionsgemeinschaften und solchen, die in wichtigen Punkten der Werteordnung des Grundgesetzes zuwiderlaufen, oder steht er unter einem strikten Gleichbehandlungsgebot[24]? Und wie ist es mit den Forderungen der negativen Religionsfreiheit? Darf der Staat Leistungen und Mitspracherechte, sei es beim öffentlich-rechtlichen Rundfunk, beim Jugendschutz oder in der Sozialpolitik, religionsfreundlich verteilen, gleichsam Religionsprivilegien vorsehen, wenn in ganzen Landstrichen oder bundesweit die Wirklichkeit des Glaubens erodiert und die Bindekräfte der Kirchen ermatten? Muss er nicht den verfassungskräftigen Sonntagsschutz für eine irgendwann weitgehend nicht mehr christlich-religiöse Bevölkerungsmehrheit so weit auflockern, wie dies der Wortlaut und der Sinn der Schutzvorschrift soeben erlauben[25]?

Wenn dagegen aber auch wieder deutlicher ausgesprochen wird, dass unsere Vorstellungen von dignitas humana, Freisein, Rechtsgleichheit, Individualität und menschlicher Solidarität, unsere Institutionen der Verantwortlichkeit, der Schuld und der sozialen Gerechtigkeit maßgeblich aus dem Christentum stammen[26], weswegen *Eberhard Jüngel* die »Aufklärung als beerbtes Christentum« versteht[27], dann werden solche Fragen wie die eben gestellten virulent. Ist die Freiheit der Religionen im Maß der Gewährleistung abhängig von ihren unterschiedlichen Beiträgen zu einem freien Gemeinwesen[28]? Darf differenziert werden zwischen guten und schlechten Religionen[29]?

Ob eine Gesellschaft ihre kulturellen Wurzeln pflegt oder nicht, kann allenfalls in bescheidenem Umfang durch Staat und Recht verordnet werden. Im geltenden Verfassungsrecht und auch im Blick auf die Europäische Menschenrechtskonvention dürfte es sehr schwierig sein, religiöse Bekenntnisse allein deshalb zu privilegieren, weil sie prägende Leistungen zur Idee und Wirklichkeit moderner Verfassungsstaaten vorzuweisen haben. Differenzierung ist allerdings möglich oder sogar geboten, wo die Unterschiede nicht aus historischer Deutung und zurückliegenden Verdiensten gerechtfertigt werden, sondern aus nachweisbar unterschiedlichem Verhalten resultieren, etwa wenn eine Glaubensgemeinschaft Integrität und Persönlichkeit ihrer Mitglieder durch Gewalt und Misshandlung verletzt, den Austritt durch strafbewehrte Nötigung zu verhindern sucht oder sich den aktiven Kampf gegen die freiheitlich-demokratische Grundordnung auf die Fahnen geschrieben hat.

Neutralität ist nicht Gleichgültigkeit und Indifferenz. Wer neutral ist, muss sich nicht jeder Stellungnahme im Wettstreit der Werte enthalten. Das Grundgesetz will seine freiheitliche Substanz nicht einer Mehrheitsentscheidung opfern (Artikel 79 Absatz 3 GG), ist zwar in Fragen der Religion ganz wie die Weimarer Verfassung neutral, aber anders als diese nicht wertneutral. Da eine Trennung der religiösen Sphäre von der Wertsphäre nicht vollständig gelingen kann, sind Rückwirkungen beim Verständnis der Religionsfreiheit jedenfalls nicht ausgeschlossen. Der *Bayerische Verfassungsgerichtshof* formuliert diesen Zusammenhang wie folgt: »Das Neutralitätsgebot ist nicht als Gebot der Eliminierung des Religiösen aus dem öffentlichen Bereich zu verstehen; es bedeutet keine völlige Indifferenz in religiös-weltanschaulichen Fragen und keine laizistische Trennung von Staat und Kirche (VerfGH 50, 156/167). Der Gesetzgeber darf und muss sich bei seinen Regelungen an der Wertordnung orientieren, die der Verfassung zugrunde liegt (VerfGH 41, 44/49).«[30]

Dabei wird in Zukunft die Prägekraft internationaler Rechtsformalisierung zunehmen, und damit solche Unterscheidungen erschweren. Die europäische

Rechtssetzung, völkerrechtliche Verträge und internationale Gerichte neigen dazu, konfliktträchtige, für sie wegen fehlenden Konsenses unangenehme Bezugnahmen auf kulturelle Grundfragen und differenzierende Besonderheiten zu übergehen und stattdessen, strikt formale Gleichheit und Diskriminierungs-, also auch Unterscheidungsverbote zu erlassen. Dies könnte im Ergebnis den auf Integration und wohlwollende Neutralität gerichteten Staat schwächen, weil er gegenüber einer Tendenz zur Fragmentierung der Gesellschaft in subkulturelle Welten hilfloser gemacht wird. Es wäre weit klüger, wenn man den inzwischen schon sehr weit für die internationale Kooperation geöffneten Nationalkulturen nicht immer weitere Harmonisierung nach Standards formaler Gleichbehandlung abverlangte, sondern ihnen substantielle, materielle Freiräume ließe, damit ihr historisch lang gewachsenes Erfahrungswissen, ihr durch Traditionen begründeter, jeweils besonderer Zugang zur Lösung von Problemen nicht abgeschnürt wird.

Der Blick in die Vergangenheit ist insofern enorm wichtig, wenn man die kulturelle Identität als Wertegemeinschaft wahren will, aber man kann natürlich nicht unvermittelt normative Aussagen aus dem historischen Befund gewinnen. Gleiches gilt allerdings auch für diejenigen Argumente, die nicht aus der Vergangenheit, sondern aus einer selbstgewiss behaupteten Zukunft ihre normative Plausibilität in der Gegenwart beziehen wollen, weil sie vorgeben, den Entwicklungsverlauf zu kennen und sich an der Spitze des Fortschritts gleichsam darauf als erste einstellen.

VI. Aufklärung und Religion

Die juristische Diskussion über diese Fragen ist weder retardierend in der Vergangenheit verhaftet, noch spekulativ auf Zukunftsunterstellungen gerichtet. Die methodische Auslegung von Gesetzestexten ist aber auch darauf angewiesen, gesellschaftliche Entwicklungstrends in ihrer Komplexität und Offenheit zu verstehen, vorsichtig zu wägen und dabei nicht auf allzu einfache lineare Prognosen zu vertrauen. Das Programm der politischen Aufklärung des 18. Jahrhunderts hat sich heute mit seinem Säkularisierungsanliegen als Massenaufklärung und Säkularismus[31] so weit durchgesetzt, dass Glaubensfreiheit, ähnlich der Gewissensfreiheit, in der Bedeutung rapide an Rang zu verlieren scheint. Dies gibt den kritischen Fragen zur Fortsetzung des Neutralitätskonzepts und der Religionsfreundlichkeit Nahrung.

Doch die ausgeprägte Linearität und Homogenität der Vorstellung einer immer weiteren Säkularisierung moderner Gesellschaften ist eben auch irreführend. Denn parallel dazu führen die stärkere kulturelle Fragmentierung des Westens, weltgesellschaftliche Interdependenzen und die Einwanderung von Muslimen nach Europa zu einer Re-Aktualisierung der Gewährleistung von Glaubens- und Religionsfreiheit. Die gerade auch in religiösen Grundauffassungen homogeneren Kulturräume neigen mitunter zu einer toleranten Herablassung oder Ignoranz gegenüber dem Andersartigen, während bei zunehmender kultureller Fragmentierung aus dem Ignorieren dann

Parallelgesellschaften oder interkulturelle Konflikte wachsen können oder aus herablassender Toleranz im schlechten Fall eine defensive Militanz, ein neues Freund-Feind-Denken werden kann.

Westliche Rechtsordnungen schwanken bei der Wahl zwischen den alten und den neuen Alternativenpärchen. Hier entstehen tatsächlich religionspolitische Fragen, die vom Juristen nicht umstandslos im Wege der Textexegese beantwortet werden können. Politisch sollte man den ohnehin im Grundsatz verfassungsrechtlich gebotenen Neutralitätskurs der Religionsfreundlichkeit fortsetzen, wobei im Einzelfall die Freundlichkeit bei kommerzieller oder politisch-totalitärer Verfremdung der vom Grundgesetz womöglich dann doch anders gemeinten Glaubens- oder Gewissensbekundung auch schneller enden kann als bisher.

Unser Verständnis der Religionsfreiheit wandelt sich. Aber nicht mit einer klaren Tendenz in die eine oder andere Richtung, also mehr oder weniger Glaubens- und Gewissensfreiheit, mehr oder weniger Distanz des Staates zu den Religionsgemeinschaften. Der offene Staat und die plurale Gesellschaft verlangen nach einer besser entwickelten Fähigkeit zu unterscheiden und mit Ungleichzeitigkeiten oder gegenläufigen Entwicklungen rational umzugehen.

B.

**Relativismus und Toleranz
in »postsäkularer« Zeit**[1]

I. Einheit und Toleranz

Toleranz ist eine der Leitideen der Aufklärung des
18. Jahrhunderts. Die unmittelbaren gedanklichen
Wurzeln reichen zurück in die Zeit der Konfessionsspal-
tung[2]. Von *Spinoza*[3] und *Locke*[4] auf den Weg gebracht, hat sie
Voltaire mit seinem »Traité sur la tolérance« in die Stim-
mung seines Jahrhunderts gestellt. Die Diskussion ist
schon bekannt seit dem Ende der Christenverfolgung im
Römischen Reich, im Toleranzedikt von Nikomedia und
dann durch *Konstantins* Toleranzedikt von Mailand, mit der
Gewährung von Religionsfreiheit, bekannt also aus dem
Umgang mit konkurrierenden Absolutheitsansprüchen.
Es ging in der Neuzeit um die Duldung des religiösen Bekenntnisses, gegen jene Mentalität des Ausschließlichen
in Glaubensdingen, gegen Fanatismus und Glaubenskrieg.
Dies konnte nur ein Gebot der Vernunft sein, wenn man
nicht Gewalt und Anomie als Preis für eine Glaubensein-
heit zu zahlen bereit war, die unwiederbringlich verloren schien und die nicht nur die Einheit der Christenheit
meinte, sondern auch auf die Einheit von Weltdeutung,
Glauben und Wissen zielte.

Das Konzept der Vernunft selbst tritt das Erbe der Ein-

heit an, welches die Religion mit dem Beginn der Neuzeit und der verfestigten Glaubensspaltung einbüßte, teils
allmählich, teils in eruptiven Schüben. Das siegreiche Vernunftdenken sah sich als neuer Repräsentant gesellschaftlicher Einheit und forderte von den unterlegenen Konkurrenten nun Toleranz, während es selbst natürlich keine
Toleranz gegenüber den Feinden der Vernunft für geboten
hielt – sonst hätte rationales Vernunftdenken ja nicht für
Einheit stehen können.

Ganz ähnlich verfährt heute das Verfassungsrecht.
Jede Rechtsausübung endet an den Grenzen der Rechte
anderer. Eifernder, gewalttätiger Fundamentalismus wird
in die Schranken gewiesen, für Einheit steht die freiheitlich-demokratische Ordnung. Wer sie angreift, dem droht
das Ende der Toleranz, wie Artikel 18 GG mit der Möglichkeit der Grundrechtsverwirkung oder Artikel 21 Absatz 2 GG mit dem Parteiverbot zeigen. Doch das sind im
Alltag ferne Grenzen, die zudem, wenn sie unvermittelt
näher rücken, auch viel diskreter gezogen werden als mit
förmlichen Gerichtsentscheidungen.

Aber im Allgemeinen, das heißt in der öffentlichen
Alltagskultur, herrscht der Geist aufgeklärter Toleranz. Das
betrifft allerdings am wenigsten den öffentlichen Diskurs
über politische Angelegenheiten, weil die Aufklärung des
18. Jahrhunderts eine politisierte ist. Sie nähert sich gerade als öffentlich-politischer Diskurs der Paradoxie des
Beginnens, wonach keine Toleranz bei der Kritik an der
etablierten Variante der Aufklärung zugelassen ist. Hier
wird ein Kordon des guten Geschmacks, des Möglichen
und des Unmöglichen gezogen, der in den USA seit län-

gerem als »political correctness« keineswegs nur als kritisch gemeinter Begriff kursiert, sondern als notwendiges Integrationsanliegen einer ansonsten deliberativen Gesellschaft verstanden wird[5].

II. Individualismus und Wahrheit

Der Geist aufgeklärter Toleranz herrscht auch bei der Frage nach Lebensstilen, weil die Entfaltung der Persönlichkeit eine ureigene Sache des freien Menschen ist. Dahinter steht eine Ableitung aus dem methodischen Individualismus, dem wiederum der Humanismus und die moderne Subjektphilosophie Pate gestanden haben. Wer Individualismus als Leitprinzip moderner Gesellschaften ernst nimmt, der muss eine Pluralität von mehr oder minder expressiven Lebensstilen, der muss auch Gleichgültigkeit und Bequemlichkeit, der muss Böses und Lächerliches ertragen, weil Lebensstile nicht mehr integriert verbindlich festgelegt werden können. Ob jemand strebsam und sparsam ist oder hedonistisch und verschwenderisch, ob er heiratet und eine Familie gründet, ob er lieber allein bleiben will oder ob er Freundschaften bevorzugt, sein Sozialleben auf den Beruf beschränkt, ob er oder sie sich mit jemandem aus dem gleichen Geschlecht intim verbindet, all das ist private Entscheidung.

Privatangelegenheiten dürfen prinzipiell nicht im öffentlichen Raum kritisiert werden, weil es Sache eines jeden Einzelnen ist, sein Leben zu leben. Wir leiten dies letztlich – wie unsere gesamte rechtliche Wertordnung –

aus der Würde des zur Freiheit und zum Selbstentwurf begabten Menschen ab. Aus diesem Grund ist es zwar erlaubt, für einen bestimmten Lebensstil zu werben, so wie dies alltäglich massenmedial getan wird, aber es ist nach den Vorgaben der politischen Moral im Allgemeinen nicht erlaubt, bestimmte Lebensstile öffentlich herabzusetzen: Dies würde geahndet als Toleranzverstoß. Wer auf universale Werte oder Verhaltensgebote gegen persönliche Lebenseinstellungen insistiert, bedarf einer besonderen Legitimation und politischer Autorisierung.

Dahinter steht aber etwas viel Fundamentaleres als der kulturelle Disput um Lebensstile, es geht um den Wahrheits- und Wahrhaftigkeitsanspruch. Das richtige Leben und die Deutung der Welt gehören nun einmal für ein sinnorientiertes Wesen zusammen. Der moderne europäische Rationalismus in der Prägung der politischen Aufklärung des 18. Jahrhunderts hat hier bestimmte Prämissen formuliert, die unseren Horizont bestimmen und manchmal beinah hermetisch abschließen. Mit der Trennung des erkennenden Subjekts vom objektiven Erkenntnisgegenstand ist die wissenschaftliche Wahrheitsauffassung als allein gültig in die Welt gesetzt worden: Wahr ist dasjenige, was über eine als äußerlich gedachte Wirklichkeit in einer intersubjektiv überprüfbaren Weise ausgesagt werden kann. Der politische Arm dieser empirisch-naturwissenschaftlichen Wahrheitsdeutung war die Aufklärung des 18. Jahrhunderts, die gesellschaftliche Verhältnisse nicht nur objektiv erkennen, sondern sie auch mit rationaler Begründung und in den Bahnen der Volksherrschaft, also nach den Plänen eines kollektiven Willens

umbauen wollte: Dies ist für *Niklas Luhmann* vor allem Ausdruck der »Anmaßung, Subjekt der Welt zu sein«[6], eine
Anmaßung, die in einem gewaltigen und mitunter auch
gewalttätigen Spannungsverhältnis zum Individualismus
und seiner Pluralität der Weltzugänge steht. Der Gottes-
bezug des Grundgesetzes (»Verantwortung vor Gott und
den Menschen«) wird insofern auch als eine Geste der
Demut gelesen. Die reklamierte Verantwortung vor Gott
wendet sich nicht nur gegen die negative Vernunft des
Rassen- und Klassenwahns, sondern ist auch eine Absage
an den theoretischen Absolutismus der positiven Vernunft[7], der als politischer und wirtschaftlicher Zweckra-
tionalismus unser Denken beherrscht.

    Die große Erzählung der politischen Aufklärung hat
aber nicht nur die Wahrheitsfrage und die Frage der Ge-
staltbarkeit der Gesellschaft für sich entschieden, sondern
sich wie jedes erfolgreiche Paradigma auch seiner Konkurrenten zu entledigen gesucht, die ebenfalls auf Sinn-
deutung zielen. Die neue Einheit der Gesellschaft sollte
eben die auf das politische Geschehen gelenkte Vernunft
sein, die sich als Kraftquell auf die Leistungen einer freien
Wirtschaft und Wissenschaft stützt und politische Herrschaft ebenso wie das Recht als ihre langen Hebel zur Gestaltung der Welt versteht. Keinen rechten Platz in dieser neuen Welt der funktionalen Differenzierung hatten
traditionelle religiöse Weltzugänge, es sei denn, dass sie
privatisiert und nach dem jetzt entstandenen Muster ra-
tionalisiert würden[8]. Religionen mussten sich nicht nur
der staatlichen Rechtsordnung und mehr noch dem politischen Gestaltungsanspruch beugen, sondern sie durf-

ten auch nicht allzu laut ihre Exklusivität oder ihre Über-
legenheit gegenüber anderen Religionen oder gegenüber
atheistischen Weltanschauungen deutlich machen[9].

Die Säkularisierung, jene Entzauberung und Zweck-
rationalisierung der Gesellschaft ist im Grunde und entgegen der Selbstdarstellung kein durchweg liberal-plu-
raler Vorgang gewesen, sondern trug auch für sich selbst
Züge eines autoritären Machtspruchs, mit dem ein neuer
Grund gelegt wurde, auf dem dann Liberalität und Pluralität wachsen konnten. Wer dagegen einen anderen Weltzugang und andere Quellen der Erkenntnis und Wahrheit
nicht nur für sich privat, sondern weiterhin allgemein-
gültig behauptete, wurde als intolerant gebrandmarkt,
wurde zum Feind der Aufklärung. Bei Bismarck mit seiner monarchisch-reaktionären und national-progres-
siven Melange wurde man dann gemäß dieser Übung
als Reichsfeind ausgesondert – nachzulesen etwa auch in
den nationalliberalen parlamentarischen Reden zum Kulturkampf. Wer auf Wahrheit, Wahrhaftigkeit, verbindliche
Glaubensinhalte jenseits naturwissenschaftlicher und politisch sozialtechnischer Weltdefinitionen ernsthaft insis-
tierte, passte eben nicht in die Zeit; er musste schweigen
oder ohnmächtig räsonieren. Für monotheistische Religionen mit dem Absolutheitsanspruch des einen Gottes[10] war diese Entwicklung schwierig. Wenn man in der
Gesellschaft bleiben wollte, musste der Absolutheitsanspruch verdeckt oder entschärft, musste auf Missionierung weitgehend verzichtet werden, es blieb das zunächst
noch beträchtliche Reservat einer Volksfrömmigkeit mit
lebensweltlicher Verankerung.

III. Relativismus und Fundamentalismus

Wer sich so unter dem Druck des Toleranzgebotes nur noch geringe Erfolgsaussichten für die eigene Wahrheitsposition ausrechnet, spricht gerne und abwertend von Relativismus. Eine wichtige Quelle für die Relativismuskritik als eine diffuse Toleranz ohne Maßstäbe findet sich bei Friedrich Nietzsche. Das feste Zweckbündnis von Wissensakkumulation, Wirtschafts- und Rechtsrationalität unter dem Dach politischen Machtdenkens, wie es gegen Ende des 19. Jahrhunderts immer stärker hervortrat, verdrängte nicht nur scheinbar endgültig die Religion, sondern auch die bürgerliche Romantik und eine idealistische Philosophie, die die Quellen des Ganzen und Universalen offen zu halten versprach. Nietzsche glaubt nicht mehr an normative und allgemeine Gültigkeitsmaßstäbe des sittlichen Lebens, er sieht Beliebigkeit, Machtspruch, Entleerung. Sein Weg zum Mythos will den durch die Säkularisierung verloren gegangenen Zauber der Vernunft mit einem voluntaristischen Akt zurückholen, aber er gibt dabei das auf, was er retten will: Die im Subjekt liegende Fähigkeit zur Einsicht, zum Begreifen, zu verallgemeinern[11].

Seitdem die Nihilismusdiagnose in der Welt ist, wird Relativismus zum Vorwurf prinzipienloser Beliebigkeit. Der Begriff hat nur guten Sinn, wenn er ein Gegenbegriff zu wohlverstandener und wohlfundierter Toleranz ist, einer Duldsamkeit also, die auf eine bestimmte, großzügig bemessene Anwendungsbreite eingeschränkt ist.

Aus positiver Toleranz wird nur dann negativer Relativismus, wenn eigene Identitätsansprüche nicht ernst genommen, wenn sie aufgegeben werden. Relativismus entsteht, wenn eine Gesellschaft auf den eigenen Wahrheitsanspruch – auch als diskursiv einzulösenden oder im argumentativ verflochtenen Nebeneinander der Perspektiven – (scheinbar) verzichtet und dann andere Wahrheitsansprüche nicht toleriert, die außerhalb der eigenen großen Erzählung liegen.

Dahinter steht nicht nur Ranküne, sondern auch Furcht aus Erfahrung. Was wir heute unter dem Begriff Fundamentalismus mit Blick auf Religion diskutieren, meint jene fanatische Intoleranz, die im Anderen den Feind erblickt, der notfalls mit Gewalt zum wahren Glauben bekehrt oder beiseite geräumt werden muss. Die alte politisch verengte Aufklärung des 18. und 19. Jahrhunderts wollte hier in ihrem Widerlager nicht recht unterscheiden: Für den Konservativen *Bismarck* und den Liberalen *Virchow* war die römische Kurie ultramontan, illiberalen und undeutschen Geistes[12], sie hätten das Zentrum und den rheinländischen Katholizismus mit heutiger Begrifflichkeit vermutlich als »fundamentalistisch« etikettiert.

Aber der Begriff »fundamentalistisch« darf in der heutigen negativen Prägung nur verwandt werden für die Kennzeichnung absolut unerlaubter Mittel der Durchsetzung und nicht der Quellen des Denkens und Glaubens. Fundamentalistisch ist derjenige, der zur Gewalt greift, um seine holistische Sicht der Welt um jeden Preis durchzusetzen, derjenige, der Würde, Freiheit und Gleichheit der Menschen ebenso wie Demokratie und Rechtsstaat verachtet und mit allen Mitteln bekämpft.

Man kann Fundamentalismus aber auch in einem weiteren Begriffsverständnis als eine Reaktion auf einen umfassenden Prozess der Relativierung aller Werte in posttraditionalen Gesellschaften sehen: »Fundamentalism is the attempt to restore or create anew a taken-for-granted body of beliefs and values. In other words, fundamentalism is always reactive, and what it reacts against is precisely the aforementioned relativization process.«[13]

IV. Postsäkulares Zeitalter und reflexive Aufklärung

Seit ein paar Jahren wird der öffentliche Diskurs über Vernunft, Glaube, Toleranz und Relativismus in einer bedeutsamen Weise neu eröffnet, und zwar mit der Behauptung, wir bewegten uns in eine postsäkulare Epoche. Nicht nur *Jürgen Habermas* liebt die Temporalisierung von etablierten Epochenbegriffen: Spätkapitalismus oder postindustriell, postmodern, postnational oder postsäkular sind ständig wiederkehrende Angebote, eine umkreisende Begriffssuche, die eine Befindlichkeit fassen soll, die Befindlichkeit, dass wir uns aus dem Paradigma der Moderne, der Aufklärung, der Nationalkulturen herausbewegen könnten, hinein in etwas Neues, etwas, das noch keinen Namen hat.

In seiner Friedenspreisrede im Herbst 2001 hat *Habermas* als einer der führenden Intellektuellen erklärt, warum er ein postsäkulares Zeitalter nicht nur heraufziehen sieht, sondern unter gewissen Kautelen auch begrüßt[14]. Es wäre leicht, mit der Entwicklung des islamischen Kulturkreises, aber auch mit der Entwicklung von politisch wirksamer Frömmigkeit in den USA, Beispiele dafür zu geben, dass religiöse Argumente wieder an Gewicht gewinnen. Aber das ist es nicht allein. *Habermas* bekundet mit seinem Redebeitrag »Glauben und Wissen« die Angst vor einer *entgleisenden Moderne* – er denkt an die Verfügung über das menschliche Genom: Er denkt an die Option, Menschen zu kreieren, nicht wie die schmutzigen Menschenzüchter des 20. Jahrhunderts, sondern unter gepflegten Laborbedingungen aus der Petrischale heraus in einem quasi genetischen Schöpfungsakt. *Habermas* sieht, dass das Bündnis zwischen moderner Wissenschaft, freier Wirtschaft und staatlichem Recht in seinem gekoppelten Zusammenspiel nicht deckungsgleich mit dem sein kann, was er mit seiner kommunikativen Vernunft als Einheit der Gesellschaft hochhält. Der Sozialphilosoph nimmt an, dass eine ganze kulturelle Dimension verloren geht, wenn eine Gesellschaft sich ernsthaft, sich vollständig säkularisiert. Wenn aus Gnade nur noch ein Rechtsanspruch auf vorzeitige Haftentlassung wird, geht eine Sinntiefe verloren, die das kulturelle Wissen ärmer macht. »Als sich Sünde in Schuld verwandelte, ging etwas verloren«[15], sagt *Habermas* und scheut sich nicht, die Quelle der neuzeitlichen Freiheitsidee in der Gottesebenbildlichkeit zu suchen und den gegenseitigen Achtungsanspruch der Freien mit dem Gott der Liebe in unauflösbare Verbindung zu bringen.

Hier wird etwas eingeräumt, aus dem die großartige Chance zu einer Neufundierung der großen Erzäh-

lung der Aufklärung wächst. Denn die Kritik der seri-
ösen Traditionalisten seit *Edmund Burke* und die Kritik der
Kirchen am robusten Kurs der Aufklärung hat sich immer genau auf diesen Punkt bezogen, der drohenden sittlichen Entgleisung, den Verlust normativer moralischer
Maßstäbe und auf die Beliebigkeit aller Werte. Was *Habermas* heute verlangt, ist etwas ganz anderes als das, was
noch vor kurzem als intellektueller Standard gelten durfte.
Man solle – so fordert der Diskurstheoretiker heute – den
Kirchen in besonderer Weise zuhören, weil sie mit dem
Glauben und der biblischen Offenbarung ein Rationalitätsspeicher eigener Art seien.

Die Vorstellung einer linear fortschreitenden Entwicklung zu immer mehr Zweckrationalität und immer
mehr Entzauberung aller gesellschaftlichen Traditionsbestände hat sich als trügerisch erwiesen. Vernunft als rational mit Gründen verfahrender Diskurs zwischen Subjekten
ist und bleibt essentiell für die neuzeitliche Gesellschaft,
aber jeder Diskurs ist in Wirklichkeit ein hochselektiver
Prozess, der nicht das Ganze ist und es nicht abbilden
kann. *Papst Benedikt XVI.* hat noch als *Kardinal Ratzinger* auf die
Verengung der positivistischen Philosophien hingewiesen,
wenn er davon sprach, dass sie auf einer für den modernen Westen typischen »Selbstbeschneidung der Vernunft«
beruhten, die nicht das letzte Wort sein könne[16].

Vernunft braucht in ihrer entwickelten Form die Einsicht in die Notwendigkeit, kulturelle Wurzeln zu pflegen,
Institutionen und Traditionen zu achten. Auch wenn ihre
historischen Formen überwunden wurden oder unwiederbringlich sind, so gilt es doch nach ihrem Sinn zu fra-

gen und sie in eine andere Gegenwart zu stellen. Pluralismus und Toleranz bewähren sich heute in dem Anspruch, kulturelle Wissens- und Glaubensbestände vor dem Zugriff einer politisch und zweckrational beschnittenen Vernunft verteidigen zu dürfen. Es ist intolerant, nur beschwichtigenden, adaptiven Relativismus bei anderen zuzulassen, damit das eigene Wertesystem nicht durch Gegenmodelle intellektuell herausgefordert wird. Die in Auftreten und Grundstimmung mitunter borniert und unreif wirkende Aufklärung erster Ordnung – die heute das dominante massenkulturelle Phänomen ist – hat noch kein reflektiertes Bewusstsein von der Einheit der Welt: Sie wähnt sich selbst als neue und umfassende Einheit, als Geschichtsprinzip eines unentrinnbaren Fortschritts und bekämpft alles Entgegenstehende als Dunkelheit, als morsches Gebälk oder gefährlichen Unrat.

Religion hat in einer geistig verengten Aufklärung eigentlich keinen Platz, weil Gott nicht intersubjektiv überprüfbar und empirisch beweisbar ist: Diese besserwisserische, diese beschränkte Unreife der Aufklärung hat *Gustave Flaubert* Mitte des 19. Jahrhunderts in der Gestalt des eifernden Apothekers *Homais* in seinem Roman »Madame Bovary« sehr schön dargestellt, und noch etwas bissiger in seinem unvollendeten Werk »Bouvard et Pécuchet«, zwei Gestalten, die in ihrem Glauben an das wissenschaftlich Erwiesene alle Alltagsvernunft fahren lassen und dabei nur zu vernunftlosen Spielbällen des jeweils neuesten wissenschaftlichen Irrtums werden.

Die ungebrochen zahlreichen Anhänger einer solchen alten, unreflektierten und politisch vermachteten

Aufklärung haben vielleicht noch nicht hinreichend verstanden, was Habermas meint und was ihn in das Gespräch
mit Kardinal Ratzinger geführt hatte[17]. Die Aufklärung muss
erwachsen werden oder sie zerstört ihre eigenen Grundlagen. Sie wird erwachsen, wenn sie lernt, nicht nur alle
Traditionsbestände kritisch zu durchdringen, sondern
auch sich selbst kritisch zu beobachten, also über sich
selbst aufgeklärte Aufklärung zu sein. In der Systemtheorie Niklas Luhmanns wäre das eine Beobachtung des Beobachters (Beobachtung zweiter Ordnung)[18], weil sich ja
die Aufklärung als eine vernünftig zu sich gekommene
Gesellschaft, also als sich beobachtende Position begreift
und von dort auch ihr Überlegenheitsgefühl bezieht: Aufklärung schaut selbst-bewusst und rational auf eine als
unbewusst, dunkel, gewohnheitsverhaftet und triebhaft
beschriebene Gesellschaft.

Die neue reflexive Aufklärung erreicht das erwachsene Niveau, weil sie im Gegner von gestern das notwendige Andere ihrer eigenen Identität versteht. Refle-
xion bedeutet, sich selbst als einen Akteur (kritisch) zu
beobachten, sich selbst also nicht als erratisches Subjekt,
sondern als sich konstituierendes und zugleich konsti-
tutiertes Sinnzentrum zu verstehen[19]. Die Anhänger der
alten unreflektierten, einer bornierten Aufklärung sind
sich selbst gegenüber unkritisch, weil sie meinen, die
kritische Haltung, aus der heraus sie andere richten, für
sich gepachtet zu haben. Sie kämpfen weiter ihre in westlichen Demokratien längst anachronistischen Kämpfe
gegen Kirche und Papst, Ehe und Familie, Religion und
Tradition, so als ginge es weiter um die Befreiung von

mittelalterlichen, von kollektivistischen Mächten, die den Menschen unmündig halten wollen. Wohlgemerkt: Solch ein Kampf bleibt geboten, wenn tatsächlich das Konzept individueller Freiheit durch terroristische Bedrohung, Gewalt, aber auch durch neue antirationale, sozialtechnokratische und antihumanistische Leitideen angegriffen wird. Die Toleranz endet eben bei denjenigen, die Toleranz als Prinzip bekämpfen und sich dabei den relativistischen Zeitgeist zunutze machen. Aber nicht jeder bringt die Distinktionsfähigkeit und die liberale Gelassenheit mit, zwischen einer unangenehmen, unerwünschten Meinung und dem systematischen Angriff auf die Meinungsfreiheit zu unterscheiden.

Die Geschichte zeigt zwar große Entwicklungsrichtungen, aber immer auch Permanenz ebenso wie Emergenz, Rückbezüge und überraschende Wechselwirkungen. Wenn man heute eine postsäkulare Epoche für möglich hält, dann zeigt das nur, dass auch im linearen Fortschrittsdenken ein Umdenken beginnt. Heute wissen wir jedenfalls, dass menschliche Vernunft nicht allein Zweckrationalität, angereichert mit einigen wertrationalen Leuchttürmen sein kann. Die Einheit der Gesellschaft wächst nicht allein aus dem politischen, wissenschaftlichen oder wirtschaftlichen System heraus. Eine in Nachrichten und Meinungen auftretende, freie öffentliche Debatte ist zwar unentbehrlich für echte Demokratien, aber letztlich ist sie nur ein Teilunternehmen des politischen Betriebes und kann ebenso wenig wie das politische System (als Einzelbeitrag, also für sich allein genommen) für die Einheit der Gesellschaft stehen.

Die immer sichtbarer werdende *Aufklärung zweiter Ord-nung*[20] ist reflexiv, weil sie zur Demut fähig ist, um ihre eigenen Bedingungen und Grenzen weiß. Reflexive Aufklärung in diesem Sinne hat nichts mit Gegenaufklärung oder Antirationalismus zu tun: Sie bejaht Rationalisierung, Verwissenschaftlichung und demokratische Gestaltung der Gesellschaft, aber sie hält das alles nicht für das *Ganze*. Die reif gewordene Aufklärung zweiter Ordnung sieht in ihren Gegnern von einst, Traditionen, Religionen und Kulturen, Gemeinschaften, Familien, sieht im Beharren auf Intuition, Offenbarung, Leidenschaft und Eros nicht mehr per se bösen Aberglauben. Sie sieht nicht nur subjektive Störfaktoren, kleinbürgerliche Enge oder schlicht Feinde des Fortschritts, sondern sie erkennt hier auch jenen anderen Ort der Vernunft, die andere Dimension, einen Ort, der rational nie ganz begehbar, mit empirischer Sozialforschung nie ganz erschließbar sein wird und der doch die andere Seite der Freiheit des Menschen ist, immer notwendig die subjektive und institutionelle Zweckrationalität begleitend. Jeder Versuch, diese im Zivilisationsprozess verflochtenen Stränge von Zweckrationalität und Lebenswelt, von Vernunft und Glaube zur einen oder anderen Seite aufzulösen oder in die Arme eines nihilistischen Relativismus der Werte zu sinken, kann nur katastrophale Folgen haben: Dies ist die Warnung des 20. Jahrhunderts, dessen destruktive Kräfte noch nicht endgültig überwunden sind, sondern in ganz anderen Formen wiederkehren können.

Die heute mögliche, über sich selbst aufgeklärte und über sich hinausweisende Aufklärung dagegen erkennt,

dass auch die religiöse Verankerung der kulturellen Lebenswelt ein unentbehrliches Grundgerüst des Humanismus darstellt. Hier finden wir die Bauelemente jener
strukturellen Ko-Evolution, die gemündet ist im Menschenbild westlicher Verfassungen, die jede für sich die
Würde des Menschen in einer nicht-theozentrischen, in
einer säkularen Weise achten und pflegen. Der jüdisch-
christliche Welt- und Menschenzugang ist deshalb auch
für den Nichtgläubigen oder den Angehörigen anderer
Religionsgemeinschaften ein wertvoller, womöglich unentbehrlicher Rationalitätsspeicher, in dem eine eigene
Variante von Vernunft gepflegt wird, die ihrerseits nicht
in Feindschaft zur Philosophie des Humanismus und der
Menschenrechte oder zu anderen religiösen Bekenntnissen steht, sondern ein unentbehrlicher Komplementär ist.
Wir sollten eben die rund 750 Jahre zurückliegende Einsicht von *Albertus Magnus* nicht ignorieren, dass mensch-
liches Denken zwar auch göttliche Mysterien erforschen
dürfe, aber die Offenbarung nicht widerlegen könne.
Der sich in Europa beheimatende Islam hat als eine der
großen monotheistischen Weltreligionen die Chance, sich
als weitere Quelle einer mehrdimensionalen Vernunft zu
etablieren, wenn er – ohne seine Identität aufzugeben –
Glauben und Vernunft in einer entsprechenden Weise auf
die Bahnen von individueller Freiheit, Rechtsgleichheit,
Toleranz und Humanismus lenkt.

V. Toleranz und Identität

In einer sich in Umrissen bereits neu abzeichnenden Gesellschaft reflexiver Aufklärung wird der Pluralismus von Welt- und Gotteszugängen vermutlich weiter wachsen, aber nicht notwendig der Relativismus. Damit nämlich in einer heterogeneren und kulturell stärker fragmentierten Gesellschaft Toleranz als Modalität im Umgang freier Subjekte möglich bleibt, ist die Pflege der eigenen Identität der Schlüssel für die Respektierung des Anderen. Wer in einer offenen Welt vielfältig handeln, frei sein und sich binden will, muss seine Identität besonders pflegen, damit er nicht im Getriebe selbstbezüglicher sozialer Mechanismen zum bloßen Objekt wird. Solche Identitätsleistungen werden jeder individuellen Persönlichkeit, aber auch Institutionen abverlangt: Der moderne Staat, der sich international vernetzt, der wirtschaftlich interagiert, sich wissenschaftlich beraten und rechtlich umgrenzen lässt, muss neu über seinen Zweck, über seine Idee nachdenken, damit er sich nicht als Institution auflöst. Offenheit in der pluralen Welt setzt Anpassungsbereitschaft, Rücksicht und den richtigen Ton voraus, aber ebenso Klarheit in den eigenen Überzeugungen und das Wissen um den eigenen Wert. Auch Religionsgemeinschaften und Kirchen stehen mitten in diesem Prozess. Wer seine Quellen kennt, wer seinen Selbstwert nicht relativistisch erschüttern lässt oder gar nihilistisch verzweifelt, der hat etwas zu sagen, der hat etwas zu verkünden und lässt sich durch Widerspruch oder auch Häme nicht aus dem Tritt bringen. Selbstbewusstsein ist eine Bedingung für Toleranz. Wer an sich selbst zu sehr zweifelt, wird denjenigen fremden Angeboten nachlaufen, die Stärke und Konformität versprechen und auf den Achtungsanspruch des Andersdenkenden mit übermäßiger Furcht[21] reagieren.

VI. Das mirandolische Freiheitsaxiom:
Gibt es absolute Werte?

Die aufgeklärte Moderne wird ihre Identität als eine tolerante Gesellschaftsform nur behaupten können, wenn sie ihren absoluten Kern, ihre axiomatische normative Grundlage wieder näher benennt, eine Grundlage, die eben nicht kämpferisch gegen die Tradition, gegen Lebenswelt, Religion und Kultur gerichtet ist, sondern als autonomes, aber nicht autarkes Sinnzentrum in diese Kulturbestände eingebettet bleibt.

Die humanistische Grundidee der gesamten Neuzeit entfaltet sich am Beispiel von *Pico della Mirandolas* »De hominis dignitate«. Jeder Mensch ist von Gott zum Schöpfer seiner selbst berufen, diese Ebenbildlichkeit ist der nicht hintergehbare Urgrund der modernen Vorstellung von Freiheit aus der Würde des einzigen gottesebenbildlichen Geschöpfes. Im 15. Jahrhundert stellte sich der Renaissancehumanist *Pico della Mirandola* die Entscheidung Gottes über die Stellung des Menschen so vor:

> »Die Natur der übrigen Geschöpfe ist fest bestimmt und wird innerhalb von uns vorgeschriebener Ge-

setze begrenzt. Du solltest dir deine (Welt[22]) ohne jede Einschränkung und Enge, nach deinem Ermessen, dem ich dich anvertraut habe, selber bestimmen. [...] Weder haben wir dich himmlisch noch irdisch, weder sterblich noch unsterblich geschaffen, damit du wie dein eigener, in Ehre frei entscheidender, schöpferischer Bildhauer dich selbst zu der Gestalt ausformst, die du bevorzugst. Du kannst zum Niedrigeren, zum Tierischen entarten; du kannst aber auch zum Höheren, zum Göttlichen wiedergeboren werden, wenn deine Seele es beschließt.«[23]

Diese Stelle wird von *Jacob Burckhardt* nicht zufällig als der geistige Fixpunkt des Renaissancehumanismus zitiert[24], denn hier geht es um einen letztbegründenden, axiomatischen Entwurf des Menschen, von dem sich die modernen Forderungen nach Bildung, eigener Leistung, Persönlichkeit und Selbstverantwortung zwingend ableiten. Der Mensch ist danach sein eigener Schöpfer, er entwirft sich. Seine Projektionen ergeben die humane Welt von morgen. Dem Menschen ist gegeben, zu sein, was er will. Man wird *Pico della Mirandola* und die erst später kommenden *Descartes* und *Bacon* und den noch späteren *Kant* zusammenfügen müssen, um die Simplizität und Sprengkraft des Ansatzes zu verstehen: *Ich denke, also bin ich. Das Wissen verleiht die Macht, zu werden, was ich will. Mit meiner Vernunft sehe ich das Eigene im Anderen.* Mit diesen drei Aussagen tritt uns das genetische Programm der Neuzeit entgegen, das sich nach wie vor entfaltet und in der Universalität auf der weltlichen Bühne noch keinen einzigen überzeugenden Konkurrenten gefunden hat.

Die Würde des Menschen, und zwar eines jeden Menschen, liegt in dieser göttlich abgeleiteten Fähigkeit zum Selbstentwurf, also sich mit Einsichtsfähigkeit gesegnet zu schaffen *aus dem Unbestimmten zum Selbstbestimmten*. Freiheit, individuelle Willensfreiheit, ist danach nicht irgendein Wert unter vielen, sondern die Substanz des Menschseins. Wer auf dieser grundsätzlichen Ebene Freiheit nur für einen Wert unter vielen hält und gegen materielle Gleichheitserwartungen, natürliche oder gesellschaftliche Harmoniebedürfnisse meint abwägen zu können, verfehlt das humanistische Selbstverständnis der neuzeitlichen Kultur[25]. Wenn von Freiheit die Rede ist, meint das seit Anbruch der Neuzeit eine substantiell verstandene, individuelle Freiheit, die das Denken und die Würde eines jeden Menschen als angeborenes Gattungsmerkmal ausmacht: und zwar jeder Staatlichkeit, jeder politischen Gemeinschaft vorausliegend. Es geht nicht um die Freiheit und moralische Rechtfertigung für mächtige Kollektive, die »Freiheiten« und Privilegien für Herrscherhäuser, Adelsfamilien, Magnaten, Staaten oder Nationen, es geht bei den Menschenrechten auch nicht um große Projekte, politische, soziale oder moralische Ziele[26], die den Einzelnen klein und gering erscheinen lassen, nicht um die der Natur, die nach Gesetzen festgelegt ist, es geht noch nicht einmal um die »Freiheit« Gottes. Es geht um jenen zerbrechlichen einzelnen Menschen, der sich seines Verstandes bedient und die Welt so interpretiert, als könne er in ihr selbst und für sich entscheiden, was sein Schicksal ist, wenn er weiß, wie die Welt beschaffen ist und was er sein will.

Das moderne Zeitalter sieht in dieser humanistischen Axiomatik einen aus der Antike, aus anderen Hochkulturen bekannten, wiederkehrenden, sich nun aber präzisierenden, durchbrechenden Gedanken, der das allgemeine Zivilisationsniveau nunmehr neu bestimmt und zum Ausgangspunkt für ein höheres Niveau eines universellen Geschichtsprozesses zu werden scheint. Dem Renaissancehumanismus geht es im Ansatzpunkt eben nicht um eine irgendwie kollektiv verankerte Prämisse, nicht um ein ausgewähltes Volk, nicht um die Gemeinschaft der Gläubigen, nicht um Fürstenhäuser, heilige Traditionen, nicht um die Republik, die Civitas oder um eine territoriale Mitte der Welt: seine Mitte ist jeder einzelne Mensch ohne jede mitgedachte oder zugefügte Differenzierung nach Geschlecht, Nationalität, Rasse oder Stand: aus dieser Prämisse folgt der Gedanke der Universalität[27].

Die so abgeleitete Freiheit ist zwar gottesebenbildlich, aber nicht selber göttlich. Die Freiheit geht weit, ist aber nicht absolut, sie ist dem Einzelnen gegeben, aber doch auf eine sittliche Gemeinschaft gerichtet. Der Grund liegt darin, dass die religiöse Quelle nicht einfach nur einen Aspekt der Gottesebenbildlichkeit als Freiheit formulieren kann, ohne das untrennbar damit verbundene andere Thema: die Gemeinschaft der Gattung Mensch mit Gott mitzudenken und die Liebe zu Gott in der Liebe zu jedem, der der Gattung zugehörig ist, sichtbar zu machen. Es wird der gesamte, auf diesen »Quellcode« sich stützende Bauplan von Würde, Freiheit und Vernunft zerstört, wenn der gentechnisch manipulierende Mensch neue Menschen nach seinem Bilde zu erschaffen gedenkt, denn

damit ist die natural unverfügbare Grundlage gleicher
Freiheit zerstört, und eigentlich wird dadurch auch die
furchteinflößende Hybris deutlich, die in der Verwech-
selung der Ebenbildlichkeit als Ähnlichkeit mit Identität
liegt, die Anmaßung also, selbst Gott sein zu wollen, Herr
über die gesamte Schöpfung[28].

Es gibt in einer freien Gesellschaft keine Instanz mit
absolutem Wahrheitsanspruch, keine Kanzel, kein Parlament, kein Labor, kein Kontor, auch kein Gericht. Aber
über Wahrheit, Wahrhaftigkeit, über Vernunft und Glauben muss gerade deswegen disputiert werden können,
ohne dass solche kulturellen Debatten sogleich politisiert
und damit im Horizont verengt werden. Der Relativismus mag am Ende sein, aber nicht die westliche Moderne,
wenn sie ihre großen alten Fragen und Ideen wieder auf-
greift und in die Zeit stellt[29]. Die sozialtechnische Rationalität der Wirtschaft, der Politik und des Rechts steht in
einem weiter gespannten lebensweltlichen Horizont der
Kultur, die auch unentbehrliche religiöse Quellen umfasst.
Kultur ist hier verstanden als ein Ganzheitsbegriff, der
zwar ganz entschieden rational und differenzierend gedacht ist, also nichts Mythisches mehr hat, der aber nicht
den Verstand absolut setzt, weil jedes rationale Argument
eingebettet ist in eine soziale Welt und in anthropolo-
gische Konstanten, die nicht gänzlich entschlüsselt und
beherrscht werden können. Deshalb hört eine klug gewordene Vernunft den Exponenten von Glauben, Gewissen und Religion aufmerksam zu, wenn diese sich auf die
universale Basis einer gegenseitigen, wahrhaftigen und
respektvollen Verständigung stellen.

C.
Grundrechte in »multikulturellen« Gesellschaften[1]

I. Etappen der Grundrechtsinterpretation:
   Edukation und Extension

Universelle Menschenrechte und staatliche Grundrechte versprechen zeitlose Geltung. Die Freiheit der Person, die der Meinung, das Recht auf körperliche Unversehrtheit sind keine Modethemen, die heute wichtig sind und morgen schon halb vergessen. Sie gelten vielmehr als der eigentliche Kern, die raison d'être der freiheitlich-demokratischen Ordnung[2]. Natürlich würde der Historiker sagen, dass diese Ordnung und die Grundrechte eine entwickelte Idee der Neuzeit sind: geworden, mithin vergänglich. Juristen wissen ebenso, dass sich alles wandelt, auch das Verständnis, die Interpretation von Grundrechten.

Als Grundrechte vor 60 Jahren in Deutschland durch eine Bundesverfassung, das Grundgesetz, (wieder) in Kraft gesetzt wurden[3], konnten weder das Publikum noch Richter allzu viel damit anfangen. Man war befreit von der Naziherrschaft, stand aber noch unter Kuratel der Besatzungsmächte, im Osten drohte eine neue Diktatur, keiner wusste, als wie anfällig sich die politisch verführbaren Deutschen erweisen würden. Der Anspruch auf Freiheit,

so er neben der persönlichen Not Thema war, wurde deshalb zuerst für die Nation und den Staat formuliert. Es
ging um Wiedergewinnung der politischen Handlungsfähigkeit, es ging um Stabilisierung und Verteidigung der
Demokratie. Grundrechte dagegen hatten schon in der
kurzlebigen Weimarer Demokratie eine eher untergeordnete Rolle gespielt, obwohl die entsprechende Liberalität durchaus auch inmitten der obrigkeitsstaatlichen Tradition und des totalitären Unrats tiefe Wurzeln hatte und
einen guten Teil des Staatsverständnisses mit prägte.

Diese Wurzeln wurden seit den fünfziger Jahren wieder gepflegt, nicht zuletzt durch eine Verfassungsrechtsprechung, die sich an der Elle des US-amerikanischen
Supreme Court messen lassen wollte. Vieles von dem,
was das Bundesverfassungsgericht seit 1951 für Recht erkannte, wirkte wie ein Edukationsprogramm in Sachen
Liberalität. Das Grundrecht der Meinungsfreiheit wurde
als schlechthin konstituierend für eine freie und demokratische Gesellschaft angesehen[4]; Berufsfreiheit und Ehrenschutz traten deshalb häufiger zurück als das der zivilrechtlichen Tradition entsprach. Der Schutzbereich solch
tragender Grundrechte wurde ausgedehnt, die Gewissensfreiheit im Grundrecht auf Kriegsdienstverweigerung
praktisch wirksam. Die Religionsfreiheit blieb nicht auf
die ungestörte Ausübung des Ritus beschränkt, sondern
wandelte sich zu einem Recht auf Glaubensbekenntnis
in allen denkbaren Lebenslagen bis hin zu gewerblicher
Betätigung, bis hin zu religiös begründeter Bekleidung
von Beamten im öffentlichen Dienst. Selbst bei ernsten
Konflikten, wo Eltern ihre Kinder oder Eheleute einan-

der buchstäblich dem Glauben opferten, weil sie gebotene medizinische Hilfe verweigerten und sich allein auf die Kraft des Gebets verließen, zeigte die Rechtsprechung deutliche Ansätze von Verständnis, wenngleich hier auf Strafe nicht verzichtet wurde[5].

Die Hauptstoßrichtung der Grundrechte, deren Geltung bis hinein in die Privatrechtsordnung erstreckt wurde, blieb jene Liberalisierung der Gesellschaft, die den einzelnen Menschen in den Mittelpunkt rückte und von dort aus die Legitimation der öffentlichen Gewalt ableitete. Alle Gewalt geht vom Volke aus und das Volk ist kein Mythos mehr, sondern einfach die Summe aller wahlberechtigten, aller freien, selbstverantwortlichen Staatsbürger. Mit dem wirtschaftlichen Erfolg, der neuen politischen Stabilität und der Integration in die westliche und westeuropäische Staatengemeinschaft begann auch eine Entwicklung der Grundrechte-Rechtsprechung, die ohne Vorbild war.

Viele Grundrechte wurden in ihrem Schutzbereich ausgedehnt, die Gesetzgebung als grundrechtsgesteuert verstanden[6], so dass bald der Schutz lückenlos schien, es blieben nur Konkurrenzfragen dahin, welches Grundrecht mit welchen Eingriffshürden einschlägig ist. Dort, wo Richter neue gesellschaftliche Bedrohungslagen befürchteten, wie beim Zugriff auf persönliche Daten, wurde kurzerhand das Schutzniveau erhöht, indem die allgemeine Handlungsfreiheit unter Rückgriff auf die Würde des Menschen zum Recht auf informationelle Selbstbestimmung wurde. Bei näherem Hinsehen blieben zwar manche Bereiche ausgespart, deren Stärkung dem Sozialstaatsauftrag in die Quere gekommen wäre, wie etwa wirksamer Grundrechtsschutz gegen den Staat, der Abgaben erhebt. Doch insgesamt machte der Grundrechtsschutz die Gesellschaft liberaler, wenngleich manchmal die Mehrheit brüskiert wurde, etwa wenn einzelne Eltern für den Freistaat Bayern Urteile erstritten, dass man »unter einem christlichen Kreuz« nicht lernen müsse[7].

II. Etappe der Diffusion?

Die heftige öffentliche Reaktion auf das so genannte Kruzifix-Urteil signalisierte aber auch eine Wende bei der Generallinie der Grundrechtsinterpretation. Es wurde nämlich sichtbar, dass das Pathos vom Grundrechtschutz als Recht der Minderheit und des Einzelnen auch gegen die demokratische Mehrheitsentscheidung nicht auf Ewig mit einer Fortschritts- und Wachstumsvorstellung verbunden werden kann, wenn die Gesellschaft immer heterogener wird. In der ersten Phase der Grundrechtsrechtsprechung, der Edukationsphase, also in den fünfziger und sechziger Jahren, konnte man noch von einer autoritativen Gewissheit im Staatsverständnis ausgehen, deshalb bedurften vor allem Behörden, Regierungen und Gerichte einer gewissen Nachhilfe. Die freie Gesellschaft nahm sich dadurch deutlicher als solche wahr, weil individuelle Selbstbestimmung und Volkssouveränität im Rahmen der parlamentarischen Demokratie als Werte hervorgehoben wurden. Die Alltagskultur blieb allerdings zunächst in der Tendenz konservativ, bürgerlich gefestigt und prägte starke Normalitätsmuster aus, die sich vom politischen Geschehen eher fernhielten. Die Grundrechte wirkten insofern vor allem wie Stacheln im Fleisch einer manchmal durchaus noch autoritär anmutenden Staatlichkeit, wenn man etwa an die Spiegel-Affäre oder die Pläne eines Staatsrundfunks denkt. Grundrechte waren Signal gegen ein Übermaß von gesellschaftlichen Konformitätserwartungen, die politisch unter Berufung auf das Sittengesetz durchgesetzt wurden, wie etwa die Strafbarkeit von Homosexualität, an die sich auch das Bundesverfassungsgericht zunächst nicht herantraute[8].

Seit den siebziger Jahren geriet die Grundrechte-Rechtsprechung in eine Extensionsphase, weil die Botschaft von den Grundrechten als Werteordnung angekommen war. Nun wurde alles und jedes zum Thema der Grundrechte bis hin zu der Stationierung von Mittelstreckenraketen[9], dem Bau von Kernkraftwerken[10] oder der Einführung der Unternehmensmitbestimmung[11]. Zugleich handelte man die Grundrechte als eine Art normative Ersatzidentität, so wie die Deutsche Mark und das Wirtschaftswunder dies auf praktischem Gebiet waren. Verfassungspatriotismus[12] wurde gefordert und ein, nicht nur positiv gemeinter, Grundrechtsstaat prognostiziert.

Doch inzwischen mehren sich die Anzeichen, dass wir bereits die Etappe der Ausdehnung verlassen und die der Diffusion erreicht haben. Dabei verlieren sich die gerichteten Muster des Linearen und des moralisch Feststehenden, die Perspektiven verschränken sich. Dies fing damit an, dass islamische Väter ihre schulpflichtigen Töchter vom koedukativen Sportunterricht abmelden

wollten, weil die Mädchen in knapp geschnittener Sport-
bekleidung den Blicken der mitturnenden Jungen ausgesetzt seien. Im Sinne der Extension wurde dem zunächst
von Verwaltungsgerichten durchaus stattgegeben[13], aber
es rumorte ein Unwille dagegen[14]. Das Rumoren wurde
lauter, als der Tierschutz zurücktreten sollte, als es um die
rituelle Schlachtung von Tieren ohne vorangehende Be-
täubung, also um Schächtung ging. Hier wurde das Bundesverfassungsgericht bereits vorsichtiger[15]. Dann kam
es zu der Frage, ob Beamtinnen ihren Dienst mit dem
Kopftuch versehen dürften[16]. War es verfassungsgemäß,
einer Bewerberin für das Amt einer Grundschullehrerin
den Zutritt zum öffentlichen Dienst zu verweigern, weil
sie darauf bestand, auch vor ihrer Grundschulklasse ihr
Haupthaar mit dem Kopftuch zu verhüllen, weil sie anders ihre Würde als Frau in der Öffentlichkeit nicht wahren könne?

Wenn man der Extensionsstrategie folgt, muss man
zuerst den Beamten, der für den demokratischen Staat
seinen Dienst leisten soll, als Grundrechtsträger auch bei
der dienstlichen Verrichtung sehen. Dies wird heute ganz
überwiegend gar nicht mehr als Problem thematisiert[17].
Man neigt aber auch inhaltlich dazu, die Glaubensfreiheit
im Schutzniveau hoch anzusetzen, so ähnlich wie jene
unbedingte, jene unausweichliche Gewissenentscheidung,
die dem Widerstandsmodell des zivilen Ungehorsams zu
Grunde liegt. Eine läuternde Diffusion der Perspektiven
setzt aber ein, wenn man sich der Vorstellung nähert, dass
bestimmte Sach- und Lebensbereiche sich sinnvoll und
ausgewogen nur als eine mehrpolige Grundrechtsbezie-

hung erfassen lassen. Die Kinder, die eine Pflichtschule
besuchen, die Eltern mit ihrem Erziehungsrecht, sind jedenfalls nicht minder schützenswert als Staatsbeamte, die
ihren Glauben im Dienst kundtun möchten.

Das westlich-liberale Toleranzmodell hat selbstverständlich Respekt davor, wenn jemand für sich entscheidet, was seine Würde ausmacht und wie er sie wahrt,
sonst wäre der Satz, dass der freie Mensch im Mittelpunkt der Rechtsordnung steht, eine bloße Floskel. Aber
der Mensch ist kein isoliertes Wesen, er findet sich in
Gemeinschaftsbezügen, in die er sich nach eigener Ur-
teilskraft und freiem Willensentschluss entweder einfügt
oder sich ihnen entzieht. Die Freiheit, das Alltagsverhalten nach seinen Glaubens- oder Weltanschauungsgeboten
auszurichten, endet jedoch dort, wo sie auf den begründeten Anspruch anderer Grundrechtsträger trifft oder institutionelle Verfassungsgebote wie die Neutralität des Staates entgegenstehen. Wenn die kopftuchtragende Lehrerin
von einer ihrer Grundschülerinnen nach dem »Warum«
gefragt wird und sie wahrheitsgemäß antworten würde,
das den Blicken zugängliche Haar verletze die Würde der
Frau, welches Bild würde das Kind von der Würde seiner
Mutter gewinnen, die in der Öffentlichkeit sich westlich
kleidet und nicht ihr Haupt verhüllt? Mit dem Kopftuch
oder der Verschleierung ist eben möglicherweise nicht
nur eine Bekundung eigener Glaubensüberzeugungen
verbunden, sondern auch eine zielgerichtete Symbolik
für eine Religion, die eine weit gespannte, allgemeingül-
tige Grundlage der Gesellschaft sein will. Die das Haupt
teilweise oder ganz verhüllende Kleidung ist auch eine

symbolische Aussage zur Rolle der Frau, womöglich ein Veto gegen behaupteten sittlichen Verfall und für wahre Würde. So legitim eine solche Position in einer freien Gesellschaft selbst dann ist, wenn damit die Wertegrundlagen der Mehrheit herausgefordert werden, so problematisch kann dies sein, wenn das pädagogische Personal des Staates mit seiner prägenden Wirkung im Erziehungsalltag diese ostentative Haltung übernimmt. Die Eltern haben jedenfalls einen Anspruch darauf, dass ihre Kinder nur auf der Wertegrundlage der Verfassung in Schulen erzogen werden, dazu müssen Beamte loyal stehen, wenn nicht ein Eignungsmangel angenommen werden soll.

III. Grundrechte als Werteordnung: innerer »ordre public«?

Doch was sind die Wertegrundlagen der Verfassung[18]? Kann die Verfassung die Einheit der Gesellschaft retten, wenn sie sich in verschiedene Kulturräume parzelliert? Benennt die flotte Rede von der »multikulturellen Gesellschaft« nicht ein täglich größer werdendes Grundproblem, dem mit dem Hinweis auf Verfassungsgrundlagen vielleicht doch nicht ausreichend begegnet werden kann? Was eigentlich bedeutet »multikulturell«[19]? Seit den achtziger Jahren war das Wort ein Reiz- und Kampfbegriff zwischen Progressiven und Konservativen: für die einen war es eine Verheißung, den Konsens der als geistig zu eng verschmähten Nationalkultur zu überwinden[20], für die anderen stand genau dies für die Gefahr einer Auf-

lösung der kulturellen Grundlagen der freiheitlichen Gesellschaft[21]. Heute geht es für beide Seiten darum, wie
man ein Stück Einheit der Gesellschaft in normativen
Grundfragen praktisch erreichen kann. Die amerika-
nische Idee des melting pots soll über eine Art Verfassungspatriotismus in europäisch angepasster Form rezipiert
werden, die mit Anstrengungen verbunden wird, einen
einheitlichen konstruktiven Erlebnisraum durch Sprach-
vermittlung, Schule, Bildung und Berufsausbildung zu
fördern. Dafür ernennen wir Integrationsbeauftragte und
präsentieren Fragebögen, verlangen Sprachtests für Ein-
wanderer. Dies sind ebenso sinnvolle Maßnahmen wie
die Ausweitung der Ganztagsschulen als Angebot und
die noch ausstehende intensive Sprachförderung im
Einzelfall und nach Maßgabe einer Sprachstandsfeststel-
lung.

Doch so dringend nötig eine kluge, entschiedene und
natürlich immer auch freiheitsgerechte Integrationspoli-
tik ist: Die Fragmentierung in unterschiedliche Kulturräume wird dadurch jedenfalls nicht gänzlich verschwinden. Im internationalen Privatrecht[22] und auch sonst im
völkerrechtlichen Verkehr der Staaten untereinander –
etwa bei Auslieferungen – kennen wir den ordre public, jenen Vorbehalt, den die Staaten machen, um die Grundlage ihrer jeweiligen Verfassungs- und Rechtsordnung zu
wahren und notfalls auch gegen völkervertragliche Pflichten geltend zu machen[23]. Inzwischen wird sichtbar, dass
die Staaten des Westens auch einen nach innen gerichteten ordre public entwickeln, sie machen ihre eigene Werteordnung kenntlich, damit auch diskutierbar, aber eben

nicht disponierbar. Was damit gemeint ist, macht die Diskussion über so genannte Ehrenmorde sichtbar[24].

Wenn ein junger Mann seine Schwester mit klandestiner Billigung der Familie tötet, weil sie den in seiner Sicht unsittlichen Lebenswandel einer westlichen Frau angenommen hat, muss der Richter entscheiden, wie er ein solches Motiv wertet. Soll man bei der Beurteilung, ob Mordmerkmale vorliegen oder wie das Maß der Schuld zu bestimmen ist, eine andere Kultur mit ihrem Horizont rechtfertigend oder mildernd akzeptieren oder gerade nicht? Wenn man sich auf patriarchalische Vorstellungen von Familienehre und jungfräulicher Reinheit einlässt und dies als Referenz an eine fortbestehende kulturelle Bindung sähe, so würde irgendwann auch unser Recht mulitkulturell, kulturell fragmentiert. Die Gerichte lehnen solches kulturrelatives Partikularrecht überwiegend ab, weil die Partikularisierung der rechtlichen und sittlichen Grundlagen der Gesellschaft letztlich mit unserem inneren *ordre public* unvereinbar wäre, also dem Identitätskern der Verfassung bestehend aus Achtung der Menschwürde, Freiheit und Gleichheit vor dem Gesetz. Die Verfassungen des Westens – geschriebene wie ungeschriebene – sind nicht multikulturell. Und nicht nur das. Der Kernbestand der Menschenrechte ist universell, sonst wäre eine Einrichtung wie der Internationale Strafgerichtshof nicht so bedeutsam in der Völkerrechtsentwicklung. Eine Verfassungsordnung, die offen und selbstbehauptend zugleich ist, achtet andere aus ihrer humanen Idee vom Menschen heraus, aber nur soweit ihre grundlegenden Wertevorstellungen dabei nicht preisgegeben werden müssen.

In diesem Sinne hat die so genannte Multikulturalisierung auch zu einer schärferen Konturierung von Prinzipien der individuellen Selbstbestimmung geführt. Seit 2005 gilt beispielsweise in Deutschland eine Verschärfung des Straftatbestandes der Nötigung[25]. Danach liegt ein besonders schwerer Fall mit entsprechend verschärftem Strafrahmen in der Regel vor, wenn der Täter eine andere Person nicht nur zu einer sexuellen Handlung, sondern auch »zur Eingehung der Ehe« nötigt. Nun wissen wir, dass arrangierte Eheschließungen und auch solche, die mit Androhung von empfindlichen Übeln zustande kommen, in einer patriarchalischen Kultur nicht unüblich sind. War es bei uns auf dem Land vor hundert Jahren nicht noch ganz ähnlich?

Aus welchen Gründen endet heute aber hier unsere kulturelle Toleranz, warum wollen wir solche Eheschließungen nicht anerkennen? Der harte Kern der weichen Frucht, die wir Toleranz nennen, liegt im Menschenbild unserer Verfassungen, ein Bild, das auch der unaufgebbare Kerngehalt universeller Menschenrechte ist. Der erwachsene Mensch ist, gleich welchen Geschlechts, welcher Rasse und welchen Glaubens, zur Selbstbestimmung, zur Freiheit berufen. Das seit dem Humanismus in den Mittelpunkt gestellte Individuum ist keine beziehungslose Monade: es braucht die Gemeinschaft, die Familie, die Schulklasse. Später wählt der individuelle Mensch als Person seine Gemeinschaftsbeziehungen selbst: die Ehefrau, den Ehemann, die Freundschaft, das Unternehmen, die Religionsgemeinschaft, die Gemeinde, eine Partei, eine Gewerkschaft. Ohne Beziehung in Gemeinschaft und

zur Gemeinschaft kann das selbstbewusste und selbstge-
wisse Individuum nicht werden, sonst kann es nicht sein.
Aber sobald man als junger Erwachsener den existentiellen Gemeinschaften des Elternhauses, der Familie, der
Schule entwachsen ist, kann jede Gemeinschaft letztlich
nur auf die freie Willensentscheidung der Mitglieder gestützt werden: Ohne freie, gleiche Wahlen und Abstimmungen in einem freien Wettbewerb um Ämter und
Macht kann politische Herrschaft im Staat nicht wirklich
legitim sein, ohne beiderseitige übereinstimmende Wil-
lenserklärungen kann ein Vertrag nicht wirksam geschlos-
sen, eine Ehe nicht eingegangen und letztlich auch nicht
im Bestand erhalten werden.

Die gesamte Rechtsordnung westlicher Herkunft ist
darauf eingestellt, dass der freie Mensch sich nach eigener Vorstellung in Gemeinschaften bindet, dass ein klarer
Vorrang besteht für die Entscheidungsfreiheit gegenüber
autoritärer Macht in Kollektiven. Gemeinschaften, die auf
der Willensfreiheit ihrer Mitglieder sich gründen, verdie-
nen Respekt, weil sie für ein lebendiges soziales Leben,
und gerade auch für die Möglichkeit individueller Lebensführung unverzichtbar sind.

IV. Unbedingtes Recht und die Kultur
     des vernünftigen Rechtsgebrauchs

Was bedeuten solche allgemeinen Einsichten für
das Thema Grundrechte in »multikulturellen« Gesellschaften? Wir brauchen die Leitlinie einer reflektierten

Aufklärung, die eine ständige schwierige Gratwanderung ermöglicht. Wenn Karikaturen in Zeitungen erscheinen, die die Gefühle gläubiger Moslems verletzen können, ist es dennoch richtig, die Freiheit der Presse gegen die Drohung mit Gewalt und Terror entschieden zu verteidigen. Aber jeder Freiheitsgebrauch setzt Vernunft voraus und an die darf durchaus appelliert werden, ohne an das Recht zur freien Meinungsäußerung zu rühren oder überhaupt rechtliche Konsequenzen damit zu verbinden. Der Respekt vor dem religiösen Bekenntnis bedingt eine innere Haltung, die nicht in agnostischer Arroganz leichtfertig eine große religiöse Glaubensgemeinschaft provoziert: insofern passt der Ton einer noch unreifen, manchmal sogar borniertem Aufklärung nun gerade nicht zu den neuen Bedingungen einer kulturell wieder stärker fragmentierten Gesellschaft[26]. Doch die freie Gesellschaft hält solche Provokationen aus, weil Meinungsfreiheit den Tabubruch prinzipiell mit umfasst. Drohung mit Gewalt gegen solche Provokationen sind aber mehr als eine Gegenprovokation: Wer mit Gewalt und Terror die Meinung bekämpft, verdient die Härte des Rechtsstaats.

Das Recht muss in seiner begrenzten Bedeutung stärker erkannt werden. Unsere Zeit bürdet dem Rechtssystem immer neue Integrationslasten auf die Schultern, weil sie der Integrationskraft der Zivilgesellschaft nicht recht traut oder im Schwinden sieht. Die skandinavische und inzwischen europäische Antidiskriminierungspolitik will den Kreis der Grundrechtsverpflichteten ganz planmäßig aus der Sphäre des Staates in die Privatrechtsgesellschaft hinein ausdehnen, auch weil sie den Konflikt der

Kulturen fürchtet und ein neues Edukationsprogramm anstrebt. Man wird gerade vor dem Hintergrund der Entwicklung der Menschen- und Grundrechte nicht bestreiten können, dass mit dem Instrument des Rechts immer auch eine Gesellschaft nachgeschult wird, was ihre normativen oder sogar sittlichen Grundlagen betrifft. Insofern darf man Antidiskriminierungs-Richtlinien gewiss nicht als Anschlag auf die Freiheit verteufeln. Aber an einige Zusammenhänge darf doch erinnert werden.

Der Kernbestand der Menschenrechte und der der Grundrechte sind als angeborene und unveräußerliche Rechte des Individuums gegen den Herrschaftsanspruch des Staates, und zwar nicht nur des autoritären Obrigkeitsstaates, in Stellung gebracht worden. Für die Beziehung zwischen Privatrechtssubjekten sollten andere und ursprünglichere Regeln gelten, nämlich die der Privatautonomie. Aus dieser liberalen Sicht verdient jede Staatgewalt, sogar die demokratische, ein grundsätzliches, wenngleich durchaus nicht destruktiv gemeintes Misstrauen, eine Vorsichtsmaßnahme des freiheitsliebenden, eigenwilligen Bürgers. Der jeweils andere Bürger aber verdient im Privatrechtsmodell Vertrauen, auch wenn viele glauben, der Mensch sei prinzipiell schlecht, und wir alle wissen, dass jedenfalls recht viele Einzelne eine echte Bedrohung für Freiheit, Eigentum und Würde von Anderen sind.

Und dennoch: Eine freiheitliche Gesellschaft, die nicht nach und nach in die Falle einer sozialtechnisch gut arrangierten Bürokratie aus Wirtschaftslogik, politischer Regulation und Verhaltenssteuerung geraten will, muss dem Prinzip einer doppelten Vermutung folgen. Normativ vermuten wir, dass der Mensch zur Freiheit fähig ist und die Vernunft aller Einzelnen besser ist als das Spezialwissen einer funktional differenzierten Gesellschaft. Von dort aus abgeleitet können wir dann überhaupt erst das Vertrauen in eine deliberative Vorstellung von öffentlichem Diskurs entwickeln, der die Demokratie als Mitte sichtbar macht. Wir vermuten allerdings auch, dass jede politische Herrschaft, sei sie noch so gut konstruiert, offen kommuniziert und kontrolliert, die Tendenz hat, den Menschen zu bevormunden und zu verwalten.

Die Grundrechtsidee geht von einem prinzipiell positiven Menschenbild und einem prinzipiell kritischen Bild politischer Herrschaft aus. Der Verfassungsstaat zwingt die öffentliche Gewalt in die Struktur der Demokratie und der Rechtsstaatlichkeit, ergänzt durch das soziale Staatsziel, damit im Alltag der Staat für die Menschen da ist und deshalb auf der Bahn des »Guten« gehalten wird. Der Rechtsstaat ist dabei keineswegs blauäugig, was die Widerlegung der parallel laufenden Vermutung des »guten« Menschen und Bürgers im Einzelfall angeht. Der freiheitliche Staat verzichtet keineswegs auf seinen Strafanspruch. Gerechte Strafen und Maßregeln bis hin zu lebenslanger Freiheitsstrafe[27] oder zur Sicherungsverwahrung[28] sind die Konsequenz von Selbstverantwortung, Schuldfähigkeit und des gebotenen Schutzes von Individual- und Gemeinschaftsgütern.

Mit anderen Worten werden die beiden Vermutungsregeln im Alltag zwar unsichtbar, aber sie leiten subkutan die Grundeinstellungen auch des Gesetzgebers und der

Richter. Jede politische Philosophie, die den Menschen und die auf Eigentum gestützte Privatautonomie für prinzipiell schlecht hält und kollektive Herrschaft traditionaler, politischer oder religiöser Provenienz für als prinzipiell gut annimmt, verursachte im historischen Rückblick negative, mitunter katastrophale Entwicklungen: *Robespierre, Marx* und *Lenin* oder *Nietzsche*. Das hat mit Antidiskriminierungspolitik natürlich sehr wenig zu tun. Aber nach Maßgabe der grundrechtsliberalen Vermutungsregel ist doch Vorsicht geboten, wenn eine politische Herrschaftsform die Waffe der Grundrechte gleichsam umdreht, weil sie sich vor den desintegrativen Wirkungen einer multikulturellen Gesellschaft fürchtet. Die neu ins Leben gerufene EU-Grundrechteagentur[29] beobachtet bislang nicht etwa, ob die EU mit ihrer gesetzgebenden oder administrativen Tätigkeit Freiheitsrechte der Bürger einschränkt, sondern sie beobachtet als Behörde die Bürger der Mitgliedstaaten und stellt fest, ob sich negative Tendenzen wie Rassismus verbreiten. Jeder Bürger ist besorgt über ethnische Spannungen und vor allem über den in Europa wieder zunehmenden Antisemitismus, aber ist eine entsprechende Beobachtung der Bevölkerung nicht eher die Sache von Staatsanwälten und Erziehern als eine Sache für »Grundrechtsbehörden«?

Aus Grundrechten gegen den Staat könnten eines Tages mehr und mehr sittliche Verhaltensgebote für die Bürger im Rechtsverkehr untereinander werden. Das ist nicht mehr die alte liberale Edukation gegen autoritär anmutende Staatlichkeit, sondern eine neue paternalistische Form der Erziehung. Politiker, Wissenschaftler und

Richter beanspruchen die Definition der Wertmaßstäbe als ihre Domäne. Das muss nicht falsch oder gar Unrecht sein, aber eigentlich schützen die Grundrechte die Eigenwilligkeit der Menschen gerade gegen solche politischen Erziehungsmaßnahmen. Es ist im Verfassungsstaat völlig legitim, dieser Eigenwilligkeit mit demokratisch beschlossenen Gesetzen Grenzen zu ziehen, sittliche Grenzen eingeschlossen, aber auch das Gesetz muss sich dabei am Maßstab der Grundrechte messen lassen und darf nur schonend in sie eingreifen. Derartige Grenzziehungen für individuelles Handeln waren seit jeher Aufgabe einer staatlichen Rechtsordnung, aber in einer freien Gesellschaft ist dies nur dann unproblematisch, wenn die freie Entfaltung der Persönlichkeit mit den Mitteln zivilrechtlicher Handlungsformen gesichert werden soll.

V. Stabilitätsbedürfnisse »multikultureller« Gesellschaften

Darüber hinausreichende politische Integrationsanliegen oder Sicherheitsbedürfnisse gehören dazu, dürfen aber nicht ins Zentrum des Wertesystems rücken[30]. Die berechtigte Hauptsorge gilt solchem privaten Verhalten, das andere Menschen in ihren Rechtsgütern schädigt oder ihre Würde verletzt, eine Würde, die (auch) dem Schutz des Staates überantwortet ist. Aber hier geht es um deutlich sichtbare Grenzüberschreitungen, die man nicht nur früher als Gefahr für die öffentliche Sicherheit oder Ordnung polizeirechtlich präventiv und strafrechtlich repres-

siv behandelt hat. Jede darüber hinausgehende gesetzge-
berische Konkretisierung dessen, was das Privatrecht mit
den guten Sitten als Grenze der Vertragsfreiheit bezeich-
net, bedarf gemessen daran besonderer Rechtfertigung.

Die Tücke liegt weniger im Prinzip, sondern im De-
tail. Wenn zum Beispiel jemand nach einem Vertragsschluss gegenüber einer Verbraucherschutzgruppe, die
auf subtile Weise mit dem Staat liiert ist, begründen und
notfalls beweisen muss, dass er bei der Wahl des Vertrags-
partners keine bösen Gedanken hatte, und er sich nicht
etwa an Hautfarbe, religiösem Bekenntnis oder sexueller
Orientierung gestört hat, legt sich womöglich ein rechts-
technischer Mehltau auf die Spontaneität und die Selbstre-
gulationsfähigkeit sozialer Interaktionen. Man würde derartige Anstrengungen des Gesetzgebers weniger kritisch
zu beobachten haben, wenn nicht der Verdacht bestünde,
dass einige brüchiger werdende kulturelle Integrations-
mechanismen, wie Leistungsstreben, Familien- und Bür-
gersinn, Bildungsidee, Patriotismus, Humanismus und
Aufklärung, durch sozialtechnische Verhaltensregelung
mit politisch angeordneten Anreiz- und Sanktionssyste-
men ersetzt werden sollen.

Dabei findet in unseren Tagen, weitgehend unbemerkt,
ein kategorialer Wandel statt. Während die Grundrechte
in den fünfziger und sechziger Jahren auf eine in ihren
bürgerlichen Standards weitgehend übereinstimmende
und insofern kulturell homogenere Gesellschaft als heute
stießen und mit ihrer liberalen Agenda allzu starre Kon-
formitäts- und Autoritätsstrukturen aufzubrechen halfen,
sollen heute die Grundrechte selbst als Werte- und Ver-

haltensordnung verstanden werden. Sie sollen damit ihrerseits verlorene Konformität in der »multikulturellen« Gesellschaft wieder herstellen. Jene ehemals bürgerlich-kulturelle Konformität der Werteeinstellungen soll durch politische, durch rechtsverbindliche Konformitätserwartungen ersetzt werden. Die Grundrechtsanwendung wird stärker den Stabilitäts- und Identitätsbedürfnissen einer auseinanderdriftenden Gesellschaft angepasst. Dazu gehört auch, dass Einrichtungen wie die staatliche Schulpflicht in ihrem integrativen Wert wieder erkannt werden, dazu gehört ein neues Nachdenken, was Erziehung und staatliche Aufsicht im Falle von Erziehungsversagen wohl bedeuten.

Eine überwiegend besorgt betrachtete kulturelle Fragmentierung der Gesellschaft findet heute statt entlang religiöser Glaubensbekenntnisse, weltanschaulicher Gegensätze und grundverschiedener Alltagserfahrungen. Es drohen nicht nur eine Funktionalisierung der Grundrechtsidee zu (durchaus nicht unberechtigten) politischen Integrationszwecken, sondern auch ein Rückbau von grundrechtlichen Schutzbereichen und ein Zurücknehmen bislang hoch angesetzter Eingriffsschwellen. Die neue Unübersichtlichkeit macht vielen Angst: Ängste vor Globalisierung, Terror, Verluste von Erwartungssicherheit, Verlust der Mitte in der privaten Erfahrungswelt und im öffentlichen Raum des politischen Geschehens. Der Ruf nach dem Staat kommt von links, wenn der Sozialstaat gemeint ist, es um Verbraucherschutz oder Preisregulierungen geht, und er kommt von rechts, wenn der Staat als Garant der Sicherheit gegen Kriminalität und Terror angesprochen wird. Manchmal überlagern sich solche Einstellungen, manchmal koalieren sie, nicht nur in Koalitionsregierungen.

Der Sozialphilosoph *Jürgen Habermas* hat schon Anfang der achtziger Jahre seine Sorge formuliert, dass die wirtschaftliche und rechtlich-politische Durchdringung der Gesellschaft die Alltags- und Lebenswelt der Menschen kolonisieren und damit letztlich eine Voraussetzung für Vernunft zerstören könne[31]. Es bleibt natürlich richtig, dass freies Wirtschaften, eine verlässliche Eigentumsordnung und ein rationaler demokratischer Gesetzesstaat, der auch Existenzrisiken sinnvoll absichert, notwendige Bedingungen für die freie Entfaltung der Persönlichkeit eines jeden Einzelnen waren und sind. Ohne Marktwirtschaft und Demokratie gibt es keinen modernen Individualismus. Aber wenn sich eine Gesellschaft allein auf diese Mechanismen sozialer Interaktion und Integration verlässt, schwankt sie immer nur zwischen den Alternativen mehr Markt oder mehr Staat. Empfinden die Menschen vor der Eigenlogik globalisierter Märkte Angst, so werfen sie sich in die Arme des Staates, wird ihnen dann der Staat zu übermächtig und bürokratisch, verlangen sie Privatisierung, Management und Verschlankung.

Im Zweifel nehmen so die Ökonomisierung und die Bürokratisierung der Lebensverhältnisse jeweils phasenversetzt, aber in der Summe gemeinsam zu. Wenn es jenseits der politisch-rechtlichen Debatten und dem Renditekalkül keinen selbstbewussten und ansteckenden *European Way of Life* gibt, keine Leidenschaft für die großen Bildungsinhalte und keine große Zivilität einer für alle offenen Bürgerkultur, wird kein Neo-Laizismus, keine durchgeplante staatliche Vollzeitschule, keine Antidiskriminierungs-Agentur und keine Bürgergeld-Versorgung unsere Gesellschaft auf Dauer zusammenhalten können.

Die Grundrechte sind zu wichtig, als dass wir sie zu politischen Gestaltungs- und Integrationstiteln »vernutzen«, sie für jeweilige politische Modethemen oder im Machtkampf der verschiedenen Handlungsebenen Europas inflationieren dürften. Sie bleiben im Kern entweder was sie sind – Abschirmung privater Freiheit gegen den Staat – oder sie sind eines Tages womöglich nicht mehr das, was sie versprechen zu sein. Kein Recht, weder das Zivilrecht noch das Strafrecht oder das Verfassungsrecht, kann jene Alltagskultur einer intakten Zivilgesellschaft ersetzen, die auf Wahlfreiheit, Leistungswille, Eigensinn und freiwilliger Bindung beruht, die auf Verantwortungsübernahme in Familien, Gemeinden, im Freundeskreis, in einem Unternehmen, Gewerkschaften oder Parteien setzt. Meinungsfreiheit, Persönlichkeitsrechte, Eigentumsschutz, Berufsfreiheit, Gleichheit vor dem Gesetz, Gleichberechtigung von Männern und Frauen, die Grundsätze freier und gleicher Wahl, all das gehört zusammen und bildet auch einen universell gültigen Kern der Menschenrechte. Insofern steigen Erwartungen an die Grundrechte in einer kulturell nicht mehr homogenen Gesellschaft. Das Recht aber bedarf dabei einer flankierenden Unterstützung durch eine lebhafte und herrschaftsfreie öffentliche Debatte über die kulturellen Grundlagen einer freien Gesellschaft.

D.
Staat und Kirche: Christentum und Rechtskultur als Grundlage des Staatskirchenrechts[1]

I. Moderner Staat und kulturelle Identität

Der moderne Staat wurde in Europa geboren. Die Staatsidee geht nicht nur auf antike Herrschaftstraditionen zurück, sondern wird auch entwicklungsgeschichtlich vorbereitet durch die römische Kirche mit ihrer Ordnung und ihrem Recht[2], die zu den Rationalitätsmustern beitragen, die dann zur neuzeitlichen Vernunft zusammenwuchsen. Die Idee politischer Ausdifferenzierung – also die Lösung politischer Herrschaft aus sozialen, traditionalen und religiösen Bindungen – gewann im Renaissancelabor der oberitalienischen Stadtstaaten Gestalt und mehr noch ihren Geist. Sie setzte sich während und unmittelbar nach der Reformation in den Territorien der Fürsten letztendlich durch, hier zunächst mehr mit Gewalt als mit Inspiration[3]. Der moderne Staat wurde, was er ist, im Ringen und im Bündnis mit Kirche und Religion, in der Einheit und der Trennung beider Sphären, in wechselseitigen Übergriffen, aber ebenso in der Kooperation des sich respektierenden Miteinanders.

Ohne die wechselvolle Geschichte von politischer Herrschaft und christlicher Religion, stammend aus den antiken Wurzeln und über die mittelalterliche Prägung, ist weder das moderne Recht noch der moderne Staat zu verstehen, aber auch nicht die körperschaftliche Struktur der christlichen Religionsgemeinschaften. Genau zu ergründen, wer oder was für wen oder was die Grundlagen gelegt hat, ist in den Bahnen einfachen kausalen Denkens unmöglich. Möglich und unentbehrlich ist es aber, strukturelle Voraussetzungen für gesellschaftliche Entwicklungen zu diskutieren, Wechselwirkungen, Bedingungen und Isomorphien.

Es würde vielleicht über das Thema hinausgreifen, wer der Frage nachginge, wieweit der moderne Verfassungsstaat und seine Rechtskultur überhaupt im Christentum ihr *notwendiges* Fundament finden. Wobei »notwendig« verstanden werden kann im Sinne historischen Werdens, aber auch im Sinne anhaltender funktioneller Notwendigkeit. Das Thema verlangt jedenfalls eine Portion spekulativen Wagemuts. Der ist ohnehin immer dann unentbehrlich, wenn die kulturellen Grundlagen einer Gesellschaft in Bewegung geraten, wenn Fragloses fragwürdig wird. Unsere Welt ist ihrer Grundlagen unsicher geworden, ohne indes neue gelegt zu haben. Deshalb mussten wir die ausgerufene »Postmoderne« im Grunde widerrufen, weil sie schon im Begriffsansatz ihr Dementi mit sich führte, denn gegen die temporalisierende Moderne kann man sich nicht wiederum temporalisierend abgrenzen, man müsste in der Epochenprätention schon eine *sachliche* Aussage treffen, so wie das Mittelalter sich nicht als solches, sondern als die Einheit christlichen Glaubens verstand, und dies ohne gewollte Zäsur zur christlichen Antike.

Unsere Zeit hat kennzeichnenderweise inzwischen den Anspruch einer Epochenzäsur größtenteils zurückgenommen und spricht etwas bescheidener von der »Spätmoderne«. Jedenfalls belegen die mitunter etwas künstlich wirkenden Versuche, die allerorten gespürte Veränderung auf einen großen Nenner zu bringen, vor allem Unsicherheit, die auch das scheinbar fest gefügte Staatskirchenrecht erfasst. »Wie lange halten wir bzw. unsere Gesellschaft eine kontinuierliche Ausweitung des Anwendungsbereiches der Religionsfreiheit aus? Berauben wir uns da auf diese Weise nicht zunehmend unserer eigenen Identität« (*Bischof Genn*)[4]? Andere fürchten die kulturelle und religiöse Fragmentierung westlicher Gesellschaften, wobei in das »entkirchlichte« Vakuum hinein neue fundamentalistische Strömungen islamischer, aber auch christlicher Herkunft Boden gewinnen könnten, und dem dann durch scharfen Laizismus begegnet werden soll. Damit steht nicht alles, aber vieles zur Disposition. Ist die kooperative Nähe zwischen Staat und Kirchen noch zeitgemäß, verpflichtet Neutralität zur unbedingten Äquidistanz des Staates gegenüber allen religiösen Bekenntnissen oder darf er eine kulturelle Option fördern, weil sie seinen Werte- und Funktionsgrundlagen oder seinen körperschaftlichen Organisationserwartungen entspricht[5]? Mit solchen Fragen wird das Staatskirchenrecht, dieser besondere und anspruchsvolle Zweig des öffentlichen Rechts, dazu genötigt, sich erneut seiner Grundlagen zu vergewissern, um die Zukunft nicht nur als unverstandene Institution auf einem Abstellgleis erdulden zu müssen, sondern sie selbstgewiss mitgestalten zu können.

II. Religion des Logos: Christentum und Vernunft

Der moderne Staat konnte erst dann weitgehend unangefochten wachsen, als die Einheit und Harmonie der
mittelalterlichen Welt der Christenheit faktisch unter-
gegangen und auch nicht mehr als bloße Idee zu retten
war. Natürlich wissen wir, dass die Einheit der mittelalterlichen Christenheit nur ein Leitbild war. Man dachte
im Horizont des »orbis christianus«[6], dabei immer in
Spannung gehalten durch widerstrebende Kräfte der politischen Herrschaftsverbände und der christlichen Kirche[7]. Und dennoch musste sich vor der Zäsur der Reformation jede Territorialherrschaft in Beziehung setzen
zum christlichen Glauben und zur dort aufgehobenen
Ordnung der Welt.

Die mittelalterlich-christliche Ordnung gewann ihre
Einheit nicht etwa in betonter Abgrenzung zur Antike,
sondern in dem Ringen um die Wiedergewinnung der
beiden verflochtenen kulturellen Stränge aus dem Chris-
tusglauben der Frühkirche, ihrer Evangelien und ihrer
bischöflichen Gliederung einerseits und der imperialen
Einheitsidee des Römischen Reiches andererseits[8]. Die
beiden Säulen wurden im Mittelalter sichtbar in dem Anspruch des römischen Papsttums, der mit der Krönung
des Franken Karl zum römischen Kaiser wirksam erho-
ben wurde. Danach hatte der römische Bischof als Nach-
folger Petri und als Stellvertreter Christi im Bilderstreit
mit Byzanz deren Unwürdigkeit erkannt und in (ei-
genmächtiger) christlicher Verantwortung die römische

Reichsgewalt auf die Franken übertragen – translatio imperii Romanorum ad Francos[9].

Die Neuzeit geht dieser Einheit verlustig. Verloren ging eine Einheit, die nach *Martin Heckel*, die Zusammenschau des Wissens und aller Weisheit der Heiligen Schrift zu ihrer Rechtfertigung aufbot. Die theologischen Grundelemente waren vor der Neuzeit mit dem physikalischen, astronomischen, historischen und geographischen Wissen viel stärker verschmolzen. Der weltliche Geschichtsverlauf war theologisch geradezu determiniert und durch die Kirche erschlossen, er ließ sich aus der Heiligen Schrift erklären[10]. Mit der Pluralisierung der Bekenntnisse als dem Ringen um die rechte Lehre als Grund und Grenze der Verkündigung (*Heckel*)[11] war der Einheitsanspruch schon deshalb nicht mehr zu halten, weil es nicht um Glaubensrichtungen in *einer* religiösen Gemeinschaft ging, sondern um konkurrierende Gemeinschaften, gestützt zwar auf dieselbe Quelle der Offenbarung, aber eben mit unterschiedlichem Bekenntnis[12].

Die mittelalterliche Idee einer Einheit der Christenheit geht allerdings mit der Reformation nicht gänzlich unter, sondern sie wird in einer neuen Unterscheidung aufgehoben, sie lagert sich in einen neuen Dualismus ein, letztlich in den von rationalem Humanismus und christlichem Traditionalismus, aber auch in die konstruktive Unterscheidung zwischen Staat und Gesellschaft. Die neue Rechtskultur souveräner Territorien nahm im Grunde dasjenige auf, was das Christentum in Rezeption und Ko-Evolution mit der griechischen Philosophie und der römischen Herrschaftsrationalität als Geist bewahrte, vor allem das Verständnis des Gesetzes und das Bild vom Wert und der Gleichheit der Menschen. Dabei greift der nach Souveränität drängende moderne Staat durchaus in die Sphäre der Religion. *Ernst-Wolfgang Böckenförde* beschreibt die mit dem Souveränitätsanspruch aufkommender Staaten einhergehende Bemächtigung ureigener geistlicher Angelegenheiten der Kirche. So gesehen wurde das »ius reformandi« und das »cuius regio eius religio« zu einem Zugriff auf die innere Kirchenhoheit. Vor dem Hintergrund einer staatlichen Vereinnahmung des Eherechts, der Eidesfragen und der geistlichen Gerichtsbarkeit wirkt die Vereinnahmung der Kirche als kontrollierbare Korporation oder gar als abhängige Anstalt eher beunruhigend[13], während die spätere Aufklärung mit ihrer politischen Machtperspektive bis hinein in den Kulturkampf *Bismarcks* die Religion und die Kirchen als bedrohlich zeichnet, jedenfalls solange sie staatlich (national) unkontrolliert bleiben.

Diejenige Herrschaft, die gestützt auf Macht und Anerkennung, territorial und personell begrenzt, sich dauerhaft stabilisieren wollte, musste den Frieden wahren und das Recht; sie kam auch nicht umhin, in ihren neuen partikular territorialen Grenzen eine neue weltliche Idee von gesellschaftlicher Einheit auf sich zu beziehen und zu garantieren. Doch an diesen Ehrgeiz der Aufklärung war vor der Reformation und auch im Jahrhundert danach noch nicht in aller Konsequenz zu denken, weil die Menschen Europas die Welt weiter nach christlichen Maßstäben beurteilten, auch wenn sie im Epochenübergang verunsichert und verstört waren. »Die neuen Beobach-

tungen und Beweise der Physik, [...] Historie und Juris-
prudenz waren alarmierend: Sie stimmten mit den Aussagen der Bibel nicht überein. Die Erde stand nicht im
Mittelpunkt des Weltalls, [...] war keine vom Ozean um-
flossene Scheibe, die theologische Schau der Welt wich
der kausalen Erklärung, das ganzheitliche Denken wurde
in stupender Einseitigkeit durch das atomisierende, qua-
lifizierende ersetzt.«[14]

Das Christentum Europas[15] war – im Gefolge kolo-
nialer Missionierung dann immer weiter ausstrahlend –
mehr als nur ein Glaubensbekenntnis: Es war zugleich
Anschauung und Erklärung der Welt, Paradigma für das
moralische Urteil, war ausschlaggebend für den Willen und die Bedingungen jedes Wissens über die Natur. Mit der Schöpfungsgeschichte und dem Sündenfall
des Alten, mit dem menschgewordenen liebenden und
vernünftigen Gott des Neuen Testaments[16] war die Idee
der Kausalität gegen jeden Geister- und Aberglauben, die
Idee der Humanität gegen jede Menschenverachtung, die
Idee des für alle Menschen gleich geltenden Rechts in
die Welt gesetzt und konnte so lange nicht zurückgeru-
fen werden, wie der christliche Glaube gesellschaftlich
determinierend war. Im Christentum, das mit dem antiken Menschen- und Gemeinschaftsbild verflochten war,
und dann in der immer stärkeren scholastischen Öffnung
zur Einheit von Glauben und Vernunft findet sich der Boden, auf dem der Renaissancehumanismus mit seinen
beiden Polen eines *Machiavelli* und eines *Erasmus von Rotter-
dam* überhaupt erst entstehen konnte und an den Rationalismus, Wissenschaft und Aufklärung dann anknüpfen.

»Das Christentum hat sich von Anfang an als die Religion des Logos, als die vernunftgemäße Religion verstanden. Es hat seine Vorläufer prinzipiell nicht in den anderen Religionen, sondern in der philosophischen Aufklärung erblickt [...]. Insofern ist die Aufklärung christlichen Ursprungs und ist nicht ohne Grund gerade und nur im Raum des christlichen Glaubens entstanden« (*Joseph Ratzinger*)[17].

III.   Papstkirche und moderne Rechtskultur

Für das Verständnis der Entwicklung der modernen Rechtskultur scheint die Arbeit »Recht und Revolution« von *Harold J. Berman* (1918–2007) nach wie vor ein gelungener Ausgangspunkt zu sein[18]. Die von *Berman* seit 1938 verfolgte These fasziniert, obwohl sie zu eng geschnitten sein dürfte. Er sieht im Recht der Papstkirche und ihrer Amtsorganisation eine Blaupause für die Entwicklung zumindest für das moderne Recht, aber auch für den Staat der Neuzeit. Für ihn sind die 100 Jahre zwischen 1050 und 1150 von ausschlaggebender Bedeutung für die Möglichkeit der modernen Rechtskultur[19]. Dabei lenkt er seinen Blick nach Bologna und er fällt etwa auf *Gratian*, der vielleicht als Stammvater der modernen Rechtswissenschaft gelten kann. Dessen »Theologia practica externa« ist kirchliche Rechtswissenschaft, erste bedeutende Ausdifferenzierung, die mit der »Concordia discordantium canonum« wieder systematisiert, Widersprüche ausgleichen will, eine Hierarchie der Rechtsquellen liefert und das gesetzte Recht in einen prämodernen Rang erhebt. Berman erklärt, warum dies in Bologna geschieht und warum es überhaupt geschieht: Er pointiert den Vorgang als päpstliche Revolution, verbindet gregorianische Reformen mit dem Geist von Cluny und dem Investiturstreit zu einem Vorgang der organisatorischen Verselbständigung, der Durchsetzung von Amtshierarchien und der geistigen Rationalisierung der römisch-päpstlichen Kirche[20].

Die Papstkirche prägt für Berman quasi Regierungsformen[21], die aus der Jurisdiktion stammend den Nukleus bilden, aus dem sich neue, rationale Herrschaftsformen bilden: gegründet auf gesetztem Recht und hierarchischer Körperschaftsgliederung, die von der päpstlichen Regierungsgewalt über die Erzbischöfe der Provinz, die Bischöfe der Diözese, das Diakonat und die Pfarrei bis zur Laiengemeinde reicht. Der (aus der Spätantike rezipierte) Amtsbegriff, die Methode der Dekretierung, Entscheidung, Aufsicht, die Pflege der Rechtsprechung, die anspruchsvolle Systematisierung des kanonischen Rechts, all das sind für Berman Gerätschaften in einem großen Labor, ein Prototyp für die weltliche Herrschaft, die zunächst noch ganz anders denkt: personal, in Treue- und Lehensbegriffen, und die sich in eine größere traditions- und religionsbestimmte Ordnung eingebunden sieht.

Für diesen paradigmatischen Vorgang braucht das päpstlich dekretierte Recht nicht nur eine ideelle Rückvergewisserung beim weltlich-idealen Recht Ostroms in Gestalt des Corpus iuris civilis[22], sondern auch für den praktisch wichtigeren Corpus iuris canonici die Fähigkeiten juristischer Spezialisten, die eine Rechtsschule durchlaufen haben. Die Kirche (parallel und in Konkurrenz mit dem Kaisertum) fördert, teils willentlich, teils gegen ihren Willen, den rationalen Geist des wieder entdeckten Römischen Rechts, nutzt ihn zum Zwecke der päpstlichen Selbstbegründung und Selbstverfassung, leitet also Souveränität in durchaus schon modernem Sinne her und pflegt einige Zeit später mit scholastischen Methoden den evolutionären Vorteil einer Schriftkultur[23]. Zwei Jahrhunderte nach Beginn der Systematisierung des Körperschaftsrechts wurden Kompetenzstreitigkeiten ausgetragen, die in der Frage, ob monokratisch für die Gemeinschaft gehandelt oder auf den Willen der Mitglieder radiziert werden muss[24], durchaus modern wirken und das nicht nur als entfernte Isomorphie, sondern im Sinne substantieller Identität.

Findet in dieser körperschaftlichen Entwicklung der Kirche seit den gregorianischen Reformen nicht das Staatskirchenrecht seine erste Plausibilität und seinen geschichtlichen Untergrund? Ist es nicht nahe liegend, dass diejenige politische Herrschaft, die auf rationale kirchliche Organisationsformen trifft und sie kopiert, dann auch auf gleicher Verständnisebene mit dieser Kirche um geistige Vorherrschaft ringt, mit ihr aber auch paktiert und kooperiert[25]?

IV. Kirchliche Prägung des Rechts

Aber schon *Berman* und ebenso *Paolo Prodi* in seiner Geschichte der Gerechtigkeit[26] sehen auch, dass es nicht nur um Herrschafts- und Denkformen geht. Die Botschaft des Christentums wirkt auch materiell, sie soll über die stärker rationalisierte Körperschaft gewiss verstärkt werden, aber sie entfaltet auch eine eigene Logik, die mit weltlichen Institutionen reagiert. Dies wird sichtbar am kanonischen Eherecht. Wenn heute die immer noch zahlreichen Vertreter einer unreflektierten Stufe der Aufklärung die christlichen Kirchen und ihre Geschichte mit ihren angeblich überholten Moralvorstellungen wie lebenslanger Ehe und mit der Unterdrückung der Frau in Zusammenhang bringen, so bekämpfen sie vielleicht unbewusst nur die geistigen Quellen ihrer eigenen Freiheits- und Gleichheitsvorstellungen. Denn das kanonische Eherecht hat womöglich mehr zur Einsicht in die soziale Gleichheit der Menschen und der Gleichheit von Mann und Frau vor dem Gesetz beigetragen als manche gesellschaftspolitische Bewegung der vergangenen 150 Jahre.

»In heidnischen Kulturen, in denen Polygamie, festgelegte Heiraten und die Unterdrückung der Frau vorherrschten, vertrat die Kirche den Gedanken der monogamen Ehe aufgrund des freien Einverständnisses beider Gatten. Im Westen musste sich dieser Gedanke mit tief verwurzelten Stammes-, Dorf- und Feudalsitten auseinander setzen. Vom 10. Jahrhun-

dert an verkündeten Kirchensynoden Dekrete über
Ehe, Ehebruch, die Ehelichkeit von Kindern und damit Zusammenhängendes; trotzdem wurden weiter
Kinder in der Wiege verheiratet, und die Familien-
beziehungen wurden weiter von den hergebrachten
Volkssitten der germanischen, keltischen und anderen Völker Westeuropas bestimmt. Im Volksrecht der
europäischen Völker wie auch im klassischen römischen Recht war die Heirat zwischen Angehörigen verschiedener Klassen verboten, die Scheidung
auf Wunsch jedes der Ehegatten möglich – in der
Praxis hieß das gewöhnlich auf Wunsch des Mannes.
Es gab nicht einmal irgendwelche formalen Voraussetzungen für die Scheidung. Für die Gültigkeit einer Ehe war die väterliche Zustimmung nötig. Nur
wenige Pflichten der Ehegatten gegeneinander waren juristisch festgelegt.[27]«

Das Tridentinum (19. Ökumenisches Konzil in Trient,
1545–1563) nannte erstmals die Liebe als wesentliches
Motiv der Ehepartner, neben der gegenseitigen Hilfe und
der Nachkommenschaft. Wurde die Ehe bislang weithin
als wirtschaftliche Versorgungseinrichtung und soziales
Zweckbündnis verstanden und praktiziert, so verstärkte
sich nunmehr der sakramentale Charakter der Ehe. Die
Vorstellung von der göttlich gewollten Ordnung in und
durch die Ehe verfestigte sich. Und zwar noch nicht in
einem romantisch verklärten Sinn, sondern im Verständnis eines Sakraments, das die Ehepartner sich in freiem
Willensentschluss selber spenden.

Mit der Durchsetzung des Zölibats der Priester wurde jedenfalls das Eingebundensein und die Abhängigkeit der Kirche von Stammestraditionen und die Nähe zum politischen wie ökonomischen Verwertungskalkül, aber auch das Risiko einer Verwicklung in weltliche Leidenschaften deutlich gemindert. Die Formalisierung der Ehe, ihre lebenslange Bindung, das Prinzip der Freiwilligkeit nicht nur bei Eingehung, sondern auch beim körperlichen »Vollzug« der Ehe, die Gültigkeit von Eheschließungen über Klassen und Stände hinweg, die Vertragsvorstellung beim Verlöbnis, die Vorstellung einer Bindung aus Liebe, all das hat Frauen ganz konkret und über Jahrhunderte zähen Kampfes hinweg regelmäßig geschützt, ihre Freiheit und Gleichheit zumindest als Merkposten über die Zeiten gerettet und das moderne bürgerlich-rechtliche Eherecht nicht nur vorbereitet, sondern bis heute geprägt.

Die kirchliche Rechtsprechung zum Sakrament der Ehe als freiwilliger Vereinigung von Mann und Frau ist seit *Gratian* ebenso wie das Erbrecht der Ausgangspunkt für ein besonderes, systematisiertes Rechtsgebiet. Das Eigentumsrecht blieb zwar ohne sakramentale Basis, doch die Kirche hatte als reiche, indes durch Gewaltakte bedrohte Körperschaft alle Veranlassung, das Besitzrecht und das Eigentumsinstitut zu pflegen, wobei der Reichtum an sich in seinen moralischen Folgen jedoch ein Problem blieb. Gerade die christliche Botschaft hat immer wieder Gläubige dazu veranlasst, sich von persönlichem Eigentum völlig zu lösen, um mit Gleichgesinnten eine andere Lebensform zu wählen, so wie heute noch die aktiven Mendikantenorden (Dominikaner, Franziskaner, Augustiner-Eremiten) und auf protestantischer Seite die Radikalpietisten, die nach der Auswanderung in ihren amerikanischen Siedlungen die Eigentumslosigkeit eingeführt hatten und für Friedrich Engels als Vorbild einer kommunistischen Gesellschaft galten. Aber als legitime und unentbehrliche Institution war das Privateigentum ein Wert und als solcher unbestritten.

Kanonisten und die Glossatoren der wieder entdeckten justitianischen Texte entwickelten zudem ein Vertragsrechtsverständnis, das seit der wirtschaftlichen Blüte des 12. Jahrhunderts auf Nachfrage stieß und auf das erwachende städtische Leben Einfluss gewann[28], mit entsprechenden Rückwirkungen auf die Rechtskultur. Wie immer man die Schlussfolgerungen Bermans historisch richtig gewichten mag[29], an der Grundthese dürften wenig Zweifel erlaubt sein: Das moderne Zivilrecht entsteht in der (auch) von Rom geförderten, selbstbewusst systematisierenden Aneignung und Fortbildung der Digesten zu einem kanonischen Vertragsrecht, das zusammen mit den familien- und körperschaftsrechtlichen Rechtsvorstellungen zur abendländischen Rechtskultur wächst, wenngleich in langer Konkurrenz zu Volksrechten und den dort gepflegten Gerechtigkeitsvorstellungen[30].

Gegen Ende des Mittelalters, zu Beginn der Neuzeit, zersetzt sich die kosmologisch konsistente Ordnungsvorstellung der gerechten christlichen Gesellschaft und gibt nunmehr dem umstürzenden Gedanken Raum, man könne neues Recht in der weltlichen Sphäre praktisch beliebig setzen[31]. Damit wird die Einteilung der Gesellschaft, ihre Orientierung auf personales Charisma, gottgewoll-

ter Hierarchie und ständischer Pluralität allmählich aufgegeben; sie weicht einer beweglichen, gestaltbaren Auffassung mit einem individualisierten Menschenbild, man
geht – mit den bei dem Durkheim-Schüler *Louis Dumont*
entliehenen Worten *Paolo Prodis* – über vom Homo hierar-
chicus zum »Homo aequalis«, von der kosmischen Ordnung zur geschichtlichen[32]. Die Gesellschaft beginnt sich
im geistigen Ambiente von Rationalismus und Humanismus in Funktionskreise der Wirtschaft, der Wissenschaft,
des Rechts, der Politik und der Religion zu gliedern, und
die politische Institution des nach innen und außen souveränen Staates entwindet dem Christentum der Kirche
das zentrale Mandat, für Ursprung und Einheit der Gesellschaft zu stehen. Aus der konstantinischen Schenkung
wird der Hobbes'sche Urvertrag, nichts zeigt besser die
Verschiebung der Prätentionen.

Dabei liegen das neue Bild vom Menschen in der Welt
und die Tugendprobleme der Freiheit[33] im Grunde ganz
nahe an der Botschaft des Neuen Testaments[34]. Denn die
»neue« (antike Denkrichtungen wie die der Stoa gewiss
verarbeitende) Auffassung von der Würde des Menschen,
seine Gleichheit und seine selbstverantwortliche Offenheit im Leitbild des Humanismus entsprechen der christlichen Botschaft im Grunde viel besser als die Wirklichkeit einer zu Gewalt und Willkür neigenden Adels- und
Lehensordnung, die keine rechte Stütze im Wort Christi
findet[35]. Wer die bemerkenswerte Schrift *Pico della Mirandolas* »De hominis dignitate« liest, erkennt, wie hier die
Quellen des christlichen Menschenbildes geöffnet werden, um den würdigen und wegen seiner Gotteseben-

bildlichkeit freien Menschen in den Mittelpunkt der Ordnung zu stellen und damit eine Absage an den Vorrang von beherrschenden Kollektiven und unverrückbaren Traditionen zu erteilen[36]. *Mirandolas* ursprüngliche scholastische Prägung stammt unter anderem aus dem Studium des kanonischen Rechts an der Rechtsschule von Bologna, bevor er ab 1484 in Florenz auf den Renaissancehumanismus trifft: Dieses biografische Zusammenwirken erhöht die Plausibilität der Thesen von *Berman* und *Prodi*.

V. Das Gewissen als Umwelt zweckrationaler Systeme

Aber wenn wir von diesem Punkt an den sehr weit gespannten Bogen des Verhältnisses von Kirche und Staat wieder zurück verfolgen, wird deutlich, warum das Staatskirchenrecht an eine ganz bestimmte innere Beziehung zwischen Christentum und Rechtskultur gebunden ist: Wenn dieses innere Band sich auflöst, verliert zumindest dieses Rechtsgebiet seine Substanz. Die Geburt der neuzeitlichen Welt wurde von Generationen keineswegs als Zurückdrängung des Christlichen, seine Entzauberung oder als Programm der Säkularisierung verstanden. Schon der jung gestorbene *Mirandola* wollte in großer Leidenschaft das Christentum erneuern, die Reformation will Frömmigkeit wieder neu und von den Wurzeln her erwecken und mit dem modernen Subjektanspruch des Individuums bereits im konzeptionellen Ansatz versöhnen. Es soll das konkretisiert werden, was der Schrift zugrunde liegt, was mit der Taufe und dem Bürgerrecht ohnehin personal gedacht ist und in der Rechtspersönlichkeit seine Konsequenz findet[37]. Damit wird das sehr ursprüngliche Verhältnis zwischen weltlicher und göttlicher Ordnung, zwischen Gewissen und Gesetz wieder neu thematisiert, obwohl es in die Fänge einer unerbittlichen Entwicklungslogik hin zur funktional differenzierten Gesellschaft gerät[38].

Die Möglichkeit individueller Freiheit schafft nicht nur Unsicherheit, woraus denn nun die Gewissheit des gottesfürchtigen Lebens wachsen soll, wenn diese Gewissheit nicht mehr aus der Autorität und Verbindlichkeit der kirchenobrigkeitlichen Anweisungen wächst. Man kann sich auf die Schrift als Fundament zurückziehen und nur noch die Interpretation diskutieren, vielleicht jeder und jede für sich beim Kerzenschein über die Bibel gebeugt, im Ergebnis könnte daraus die von *Schleiermacher* gefürchtete Privatreligion werden[39]. Aber was ist dann mit der gesellschaftlichen Ordnung? Wenn die gesellschaftliche Ordnung nicht mehr christlich geprägt ist, kann sie dann nicht im Ganzen (nicht nur im Einzelfall) ungerecht und sündhaft werden? Gelten in einem solchen Fall die weltlichen Gesetze für den Christen? Die auf Verfänglichkeit angelegte Frage von Pharisäern und Herodianern betreffend die Steuerzahlung an die Römer wird von Jesus in scheinbar einfacher, aber doch rätselhaft dialektischer Weise beantwortet: »Was des Kaisers ist, gebt dem Kaiser, und was Gottes ist, Gott. Und sie wunderten sich über ihn.«[40]

Die das »Wundern« auslösende Dialektik entfaltet sich, wenn man sieht, dass das Reich der Christen nach dem Neuen Testament auf Liebe gründet, nicht auf Macht und Gewalt. Vor der Gewalt politischer Herrschaft entfliehen die Christen nicht in die Wüste, sie rebellieren aber auch nicht, um umzustürzen, sondern sie halten der Macht stand und wirken in dieser Welt mit ihrer transzendenten Botschaft, die durch den Tod des Mensch gewordenen Gottessohnes immer in dieser Welt bleibt und zugleich über sie hinausweist.

Der Christ ist mit seinem Gewissen eine eigenwillige Umwelt weltlicher Herrschafts- und wirtschaftlich-technischer Verkehrsformen. Das Christentum wirft von vornherein die Frage auf, ob das Recht gerecht sei, macht weltliches Recht am Maßstab des natürlich-göttlichen Rechts beurteilbar[41]. Damit kollidiert der absolutistische Anspruch, Recht aus der Sphäre des Staates unbegrenzt setzen zu können und der »aequitas« im Sinne von Billigkeit und Gerechtigkeit nicht recht erlauben will. Aber die Mäßigung und »Verhältnismäßigung« wird dann doch im Prozess der konstitutionellen Bindung und der Menschen- und Grundrechte gleichsam in das staatliche Rechtsprogramm kopiert, wohl auch um staatsgefährdenden Widerständen, wie etwa Gewissensentscheidungen, die Spitze zu nehmen.

Der moderne Staat übernimmt sein rechtskulturelles Programm aus jüdisch-christlichen Beständen, leiht sich gewiss auch einiges an Wissenschaftstradition aus der islamischen Welt, sehr vieles aus der griechischen und römischen Antike. Aber die Bibel steht im Mittelpunkt. Die Idee des Volkes als Schicksalsgemeinschaft hat nicht nur antike und germanische Wurzeln, sondern geht zu Beginn der Neuzeit auch sehr stark auf das auserwählte Volk der Israeliten[42] und die Kirche als Gemeinschaft und das Volk der Christen zurück[43]. Dass zu richten sei ohne Ansehen der Person, findet sich natürlich schon in der älteren antiken Rechtstradition, aber im Mittelalter lebendig gehalten wurde dies durch die alt- und neutestamentarischen Quellen[44]. Hier findet sich die für die Neuzeit wirksam werdende Substanz des großen Satzes »Alle Menschen sind vor dem Gesetz gleich«. Die Suche nach Frieden[45] und nach einer gerechten Welt, die auf Nächstenliebe gründet, ist im Nachvollzug des Entwicklungspfades immer auch unverrückbar christlich, wie auch der Leistungsgrundsatz, der Arbeit verlangt und nicht Müßiggang[46].

Der Staat verdrängt zwar die christliche Religion aus dem Zentrum der Gesellschaft, weil er ihre Botschaft in verweltlichter Formensprache sich zu eigen macht, aber er kann das Christentum nicht wirklich beerben, weil seine Instrumentalität weder Liebe noch Eros erlaubt – Patriotismus kam dem am nächsten, die Entfesslung von Leidenschaften im Nationalismus aber hätte – jedenfalls in Europa – beinah die ganze rationale Staatsidee zum Einsturz gebracht. Stattdessen setzt man seit der französischen Revolution und dann im 19. Jahrhundert, vor allem nach *Feuerbach* auf weltliche Varianten des Seelenheils: ewiger Fortschritt statt ewiges Leben, Aufhebung aller Antagonismen im Kommunismus statt Himmel und Paradies, Aufklärung statt Erleuchtung, Revolutionäre oder Sozialplaner statt Priester. Diese heimliche Theologisierung der differenzierten Gesellschaft und des ratio-

nal begrenzten (sektoralen) Staates durch die antireligiösen Kräfte der Aufklärung ist im Kern antimodern, auch
wenn sie sich selbst ganz anders in Szene setzt.

Doch die Gegenkräfte aus den christlichen Konfessionen waren zunächst noch enorm groß und verlangten
nach Einbindung und Achtung. Schaut man sich die Entstehung der Weimarer Verfassung und ihrer Kirchenartikel
an, so sieht man aber auch, dass ein politisches Interesse
an der Erhaltung des deutschen Volkes als eines christlichen[47] bestand und dass dies der eigentliche Grund für
die Bewahrung der körperschaftlichen Autonomie als
institutionelle Absicherung der Religionsfreiheit und als
öffentliche Wirkungsverstärkung gewollt war. Aber wer
das Staatskirchenrecht lediglich entweder als pragma-
tische Wirkungsverstärkung staatlichen Machtanspruchs
oder allein als grundrechtliche Flankierung der Religionsfreiheit missversteht[48], übersieht womöglich die tiefe kulturelle Verknüpfung von Christentum und Rechtskultur
des Verfassungsstaates: »In Deutschland, dem Land der
Reformation, des großen Glaubenskrieges, der Säkulari-
sation und des Kulturkampfes ist es ein Wesensmerkmal
der geistigen und geistlichen Geschichtserfahrung, dass
die verschiedenen im Bogen des Christentums versam-
melten Konfessionen, Kirchen und Sekten im Genuss dieser Freiheiten sind, auch wenn erst die Aufklärung, die
bürgerliche Verfassungsbewegung und die grundsätzliche
Trennung von Staat und Kirche nach dem Sturz der Monarchie die volle Ausbildung und Sicherung dieses relig-
onsrechtlichen und kirchenpolitischen Systems bewirkt
haben« (*Peter Badura*)[49].

VI. Die Zeichen einer neuen, reflexiven Aufklärung

Aber was soll eigentlich noch diese Bekräftigung einer langen, dem Grunde nach unbestrittenen Ko-Evolution von Kirche und Staat? Steht nicht heute die christliche Religion mitten im Zerfallsprozess der bürgerlich-modernen Industriegesellschaft[50]? Müsste nicht die De-Institutionalisierung auch der Rechtskultur und des Staates zu einer Bewegung »los vom Staat« führen, damit die Kirchen jenseits eines positiven Rechts, das sein Maß und seine Konsistenz im System der vielen bürokratischen Ebenen zu verlieren droht, wieder größere Bewegungsfreiheit für die Verbreitung ihres Glaubens finden?

Eine solche Entkopplung wäre für beide Seiten jedenfalls riskant und womöglich sogar fatal. Die erst in den letzten Jahrzehnten zur herrschenden Einstellung, ja zur Massenkultur gewordene eindimensionale Aufklärung, die sich noch nicht selbst kritisch beobachten will, hat eine Lagerbildung des Denkens befördert, das sich blind macht für strukturelle und evolutionäre Kopplungen. Diese Aufklärung erster Ordnung kämpft weiter einen Schattenkampf gegen übermächtige Kollektive, Institutionen und Traditionen, die pauschal die individuelle Freiheit bedrohen sollen, obwohl es diese Zwangskollektive, vielleicht mit Ausnahme der rationalen, mit den Aufklärern verbündeten öffentlichen Gewalt, eigentlich nicht mehr oder jedenfalls noch nicht wieder gibt. Wer die freiwillige Bindung von Menschen in den Kirchen, wer Gläubigkeit für rückständig oder für kleinbürger-

liche Schwäche hält, hat nicht verstanden, worauf es an-
kommt.

Das Primat der Kollektive ist in den Staaten des Westens spätestens seit den sechziger Jahren verloschen[51],
seitdem regiert im Westen bislang unangefochten das Primat individueller Entscheidungsfreiheit. Diese Entwicklung war nicht zuletzt in der Entfaltungslogik des ver-
nunftgeöffneten Christentums[52] deutlich angelegt[53]. Die
Idee der Würde, diejenige der natürlichen Lebensgrund-
lagen als Teil des Schöpfungswerks, des sektoralen Staates,
also der Trennung von Gesellschaft und Staat, die Idee der
Grundrechte und der Menschenrechte, die Vorstellung individueller Freiheit[54], von Gewissensfreiheit, von Gleichheit und sozialer Verantwortung, sie alle können – auch
wenn sie Kräfte und Resultate in einem universalen Zivilisationsprozess sind – ihre kulturellen Wurzeln aus der
Geschichte des Christentums nicht verleugnen, andern-
falls würden sie Überzeugungskraft, Konsistenz und einen eigentlichen Grund verlieren[55].

Aber, so kann man fragen, ist das nicht dennoch nur
ein Hinweis auf Geschichte, ohne Belang für die Zukunft?
Eine neue, allmählich stärker werdende *Aufklärung zweiter
Ordnung*[56], die sich in ihrem Wechselspiel mit religions-
und alltagskulturellen Grundlagen der Gesellschaft selbst
beobachtet und sinnvoll ausrichtet, also reflexiv angelegt
ist, erkennt nicht nur wieder stärker den Wert von gefähr-
deten Institutionen, sondern auch den Wert von bürgerli-
cher Lebenskultur und christlichem Gemeindeleben.

Unter dem heute herrschenden Vorrang individueller Entscheidungsfreiheit wird die Revitalisierung von

im Zugang offenen, im Stil individualisierten Gemeinschaften zu einer Überlebensfrage nicht allein der Gesellschaft, sondern vor allem für die Möglichkeit von
Freiheit, gegen die drohende Übermacht neuer Kollektive. Eine freie Gesellschaft kann sich nicht mit Grund-
rechtsverwaltung oder der weiteren Perfektionierung
sozialtechnischer Planung über die Klippen von Orientie-
rungs- und Vitalitätsverlusten retten, ohne mit der immer
weiteren Politisierung und Verrechtlichung bis hinein in
die Kernbereiche von sozialen Gemeinschaften wie Familien und Religionsgemeinschaften die Freiheit Schritt
für Schritt stärker konformistisch zuzurichten und immer
weniger Toleranz für die Abweichung von ideologischen
Tageseinsichten zuzulassen.

Die *Aufklärung zweiter Ordnung* dagegen, die sich als *reflexive* Aufklärung in ihren Voraussetzungen und Wirkungen
selbst beobachtet[57], widersteht den Sirenengesängen sowohl des Antirationalismus wie auch einer – damit nicht
nur weitläufig verwandten – zunehmenden Neigung zur
Auflösung und Ablehnung gesellschaftlicher Unterscheidungen nach Funktionsbereichen, also einer Neigung
zur Entdifferenzierung der Gesellschaft. Aus einem poli-
tisch-wirtschaftlichen Verbundsystem heraus werden inzwischen alle sozialen Gemeinschaften und alle Orte ins-
titutioneller Freiheit, und so auch die Kirchen, in eine
politisch-moralisch hergeleitete und holistisch angelegte
Pflicht genommen. Auch die Menschenrechte werden zunehmend ihres überpositiven und ihres überrechtlichen
Gehalts entkleidet, politisch und rechtlich argumentativ
für (gewiss in den meisten Fällen sehr berechtigte) In-

teressen zugeschnitten. Das wird in einigen Fällen durchaus eine Wirkungsverstärkung bedeuten und darf als solche begrüßt werden, es kann aber auch jene Metaebene in Vergessenheit geraten lassen, die das christliche Rechtsdenken ausmacht: Damit gemeint ist die Vorstellung, dass das staatliche Recht zwar vom Christen befolgt wird, aber das weltliche Gesetz ihn nicht von der eigenen Gewissensentscheidung und der eigenen Beurteilung der Welt entbinden kann[58]. Das Christentum ist insofern immer sperrig, seit seinen römischen Anfängen, weil das von Christus gelebte und geoffenbarte Menschenbild nicht zur Disposition gestellt werden kann. Christliche Weltsicht und staatliche Herrschaftsansprüche erzwingen jedenfalls eine Pluralität der Perspektiven, die wiederum Voraussetzung für Wahlfreiheit und Toleranz ist.

Wenn die Kirchen eine schleichende Politisierung ihrer Glaubenswelt unbesehen mitmachen, dann drohen sie "postmoderne" Landeskirchen zu werden. Wenn sie dagegen allzu schroff auf eigene sittliche Rationalitätszugänge bestehen, werden sie nicht nur unter Druck der politischen öffentlichen Meinung geraten. Sie werden dann auch diejenigen Menschen verstören, die sie gewinnen wollen, die aber noch in der engen Zweidimensionalität von wirtschaftlichem Zweckkalkül und politisiertem Weltzugang gefangen sind.

Es geht um den erweiterten, den kritischen Zugang zur Welt und zugleich für die Kirchen um die Wahrung der religiösen Identität. Das Staatskirchenrecht zielte nie auf entdifferenzierte Einheit oder einheitslose Differenz, sondern auf eine Einheit, die aus dem sichtbaren Unterschied von weltlichem Staat und transzendent gerichteten Kirchen ihren Sinn erhält[59]. Wenn der Staat und seine überstaatlichen Einrichtungen weiter lebendiger Rechtsstaat sein wollen, sollte die Neutralität als wohlwollende verstanden werden, weil es um kulturelle Grundlagen geht, die politischen und rechtlichen Instrumenten nicht ohne weiteres zugänglich sind.

Beide Seiten sollten aber jene hypertrophen Auswüchse zurückschneiden, die ihre jeweilige Identität bedrohen. Eine Religionsgemeinschaft schöpft ihre Kraft aus der Verbreitung des Glaubens. Wer meint, dass Glaubensfestigkeit erst heute durch einen angeblichen Megatrend der Säkularisierung erschüttert sei, der wird vielleicht doch Opfer eines unhistorischen linearen Fortschrittsdenkens. Ist die Geschichte des Christentums nicht voll von Etappen des Niedergangs, der Korruption, der Identitätsbedrohungen? Sie ist doch aber auch ebenso voll von höchst überraschenden Erholungen, der Wiederkehr ihrer ursprünglichen Botschaft, der erneuten Verbreitung des Glaubens.

Das gleiche gilt für die alte Idee einer weltlich gerechten Ordnung. Die Verirrungen überkomplexen Rechts, die finanzielle Überschuldung und die Hybris einer auch noch spirituellen Allzuständigkeit sind der Geschichte politischer Herrschaft keineswegs fremd. Auch der Staat wurde immer wieder neu entworfen, zurückgeführt auf Menschenmaß, auf seinen begrenzten, aber anspruchsvollen, weil sittlichen Zweck. Beiden Sphären kann aber solche stärkende Entwicklung auf längere Sicht nur gelingen, wenn sich die Alltagskultur der Bürger – und damit eine wesentliche Bedingung der Rechtskultur – wieder selbstbewusster zeigt und nach einem Sinn des Lebens sucht, der eigene Freiheit und selbstgewählte Bindung gleichermaßen schätzt, dabei seine Herkunft auch in Gemeinschaften des Glaubens respektiert und den Horizont des Anderen achtet, denjenigen anderer Religionen und auch den der Agnostiker.

E.

Kirche und Staat[1]

I. Der Vertragsschluss zwischen Gemeinschaften

Kirche und Staat sind Gemeinschaften, sind Rechtssubjekte mit der Fähigkeit, sich vertraglich zu binden. Vor einer Dekade wurde mit dem Vertrag vom 8. November 1996 zwischen dem Land Brandenburg und den evangelischen Landeskirchen in Brandenburg auch in dem ehemaligen Stammland Preußens eine neue, eine erneuerte[2] kirchenvertragliche Grundlage gefunden[3]. Dies gibt Anlass, einige Überlegungen zum Verhältnis von Kirche und Staat anzustellen.

Die moderne Tradition der Verträge zwischen Staat und Kirchen ist etwa zwei Jahrhunderte alt und kam mit dem säkularisierenden Wind napoleonischer Eroberungen nach Deutschland. Bis weit in das 19. Jahrhundert hinein taten sich allerdings gerade evangelische Landesherren schwer, die Kirchen als vertragswürdiges Rechtssubjekt anzuerkennen, weil sie die Landeskirche als Teil ihres Regiments, als Teil des Staates ansahen[4]. Die Weimarer Reichsverfassung bedeutete hier teils Schlussstein einer Entwicklung, aber auch im Hinblick auf die Reste eines spätabsolutistischen Kirchenregiments der protestantischen Fürsten[5] eine Zäsur, weil die Trennung von Staat und Kirche verfassungskräftig wurde, und zwar unter dem Leitprinzip einer Kooperation unter Wahrung staatlicher Religionsneutralität. Die deutsche Verfassungs- rechtsentwicklung hat bekanntlich gegen Laizität und für Neutralität optiert, dies ist für das Verständnis des Grundes und der Inhalte von Staatskirchenverträgen von wesentlicher Bedeutung.

II. Säkularität und Neutralität

»Säkularisierung« heißt ein Prozess, der die Men- schen (und ihre weltlichen Einrichtungen, wie etwa den Staat) aus strengen religiösen Bindungen und Beschrän- kungen herausführt, eine Entwicklung, die die kulturellen Grundlagen von Staat und Gesellschaft zur weltlichen, zur politischen Angelegenheit erklärt, und die religiöse Le- bensäußerung auf eine bürgerliche Freiheit unter an- deren zurückführt[6]. Staat und Religion sind danach ge- trennt: Politische Herrschaft verzichtet auf substantielle religiöse Legitimation, die Religionsgemeinschaften ver- zichten auf politische Herrschaftsansprüche und Privile- gien, sie fügen sich ein in eine allgemeine zivilrechtliche und bürgerschaftliche öffentliche Ordnung, man könnte auch mit *Gerd Roellecke* sagen, dass spätestens mit der Re- formation die Religion das Recht und die Politik »aus sich entlassen« habe[7].

Sucht man nach dem Unterschied des deutschen Re- ligionsverfassungsrechts etwa zum französischen Laizi- tätsprinzip, so dürfte er im politischen Verhältnis zu den kulturellen Grundlagen einer immer noch nationalstaatlich radizierten Gesellschaft zu suchen sein: In Frankreich sieht sich allein der Staat für die kulturellen Grundlagen der Gesellschaft zuständig, und das nach rationalen und demokratischen Prinzipien. Die staatliche Sphäre wird deshalb konsequent von denjenigen Kräften freigehalten und abgeschirmt, die als Religions- oder Weltanschauungsgemeinschaften werbend tätig sind.

In Deutschland ist die Entwicklung weniger gradlinig und weniger eindeutig im Ergebnis verlaufen. Im bismarckschen Kulturkampf – einer allerdings auch in anderen europäischen Staaten erkennbaren Phase der Säkularisierung[8] – ging es um die Frage, wer in Schule und Erziehung, in der Formulierung der Gebote alltäglicher Lebensführung das Sagen hat. Gegen den auf Souveränität pochenden Etatismus des Machtstaates behaupteten sich die Kirchen als gesellschaftlich eigensinnige Gemeinschaften, die aber weniger auf Rebellion, sondern auf eine Kooperation gerichtet waren, die ihnen die Bewahrung der Unabhängigkeit des Glaubens und Einfluss in der sozialen Welt sicherte[9]. Das Zusammenwirken von Schulen und Kirchen in einem Religionsunterricht, der autonom von den Religionsgemeinschaften erteilt, aber vom Staat beaufsichtigt wird, macht die Verantwortung und die Freiheit der Religionsgemeinschaften, ihre Beteiligung an der Pflege der kulturellen Grundlagen der Gesellschaft sichtbar. Noch wichtiger womöglich ist die Leistung der Kirchen bei der Unterhaltung von Kindergärten, Jugendbetreuung, Schulen, Altenpflegeeinrichtungen, also die Mitgestaltung eines öffentlichen Raumes, der dazu beiträgt, menschlichen Zusammenhalt, Werteverständnis und den Glauben der Kirchen praktisch sichtbar zu machen und über den Alltag zu wirken.

Bei Lichte betrachtet ist aber dieses Wirken immer mehr abhängig geworden von finanziellen Leistungen des Staates, ein konfessioneller Kindergarten ist nicht selten zu 90 % vom Staat finanziert und dann auch seinem ausgestaltenden Zugriff verstärkt ausgesetzt. Die christlichen Kirchen haben Kraft, auch Finanzkraft verloren und laizistische Gegentendenzen haben auch in Deutschland spürbar zugenommen. Damit wird die Grundlage der Kooperation brüchig. Entweder werden die Kirchen abhängiger von staatlichen Subsidien oder sie werden unattraktiver als Vertragspartner.

Dies wird sich erst ändern wenn wir den vollen Umfang eines paradigmatischen Wandels erkennen, der eingetreten ist. Noch vor hundert Jahren konnte man die Gesellschaft auf einem großen Entwicklungspfad sehen, der zu Liberalisierung, Demokratisierung und Individualisierung führte. Dennoch blieb die Macht der Kollektive wenn nicht bestimmend so doch stark. Staat war wichtiger als der einzelne Bürger, in den Strukturen der Großfamilie herrschte der pater familias und kaum das Prinzip der Selbstbestimmung, ebenso wie in den Fabriken und Verwaltungsbüros. Auch die Kirchen verfügten zumal auf dem Land über starke Bastionen, die es ihnen immer noch erlaubten, auf Einhaltung sittlicher Normen autoritativ zu bestehen.

Dieser kollektivistische Vorrang von Gemeinschaftszwecken vor dem Prinzip individueller Selbstbestimmung innerhalb einer bereits deutlich auf die Geleise der Liberalisierung gesetzten Gesellschaft ist inzwischen endgültig aufgegeben. Individuelle Willens- und Entscheidungsfreiheit besitzt heute Vorrang vor jeder Gemeinschaftsbildung. Die Verfassung der Deutschen macht das deutlich: Sie stellt den freien Menschen in den Mittelpunkt der Rechtsordnung, auch der Staat hat diesem Zweck zu gehorchen[10]. Jede Gemeinschaft steht heute unter dem Grundsatz der Freiwilligkeit, selbst der Staat mit seinem Gewaltmonopol bekommt dies zu spüren wenn er Bürger belastet und sie politische Zustimmung entziehen, praktisch ausweichen, sich verweigern, in andere Staaten wechseln.

Im Westen Deutschlands war über Jahrzehnte das Abmelden vom Religionsunterricht, der Austritt aus der Kirche nicht nur der Bequemlichkeit und der Steuervermeidung geschuldet, sondern konnte auch immer noch mit dem Banner der Befreiung aus einschränkenden Gemeinschaftsbindungen, mit Aufklärung und Befreiung veredelt werden. In der ehemaligen DDR hat die Partei aus der Position eines Kollektivmonopolisten solche Tendenzen durchaus gefördert, solange ihre staatliche Herrschaft nicht selbst Gegenstand der Befreiung wurde. Um es deutlich zu sagen: Dieser lange Prozess der Befreiung aus kollektivistischer Bevormundung, dieser Niedergang von Gemeinschaftsideen, die nicht vereinbar, die nicht abgestimmt waren mit individueller Freiheit, Selbstbestimmung und Rechtsgleichheit, er war notwendig. Seine Ergebnisse sollte niemand allzu sehr als Verlust großer Kulturleistungen beweinen.

Doch die Logik der Befreiung hat sich mit der Niederlage kollektivistischer Mächte, mit der Erosion von Tradition, mit dem Verschwinden scharf abgegrenzter Rollen- und Geschlechterfixierung verbraucht. Es geht jetzt darum, die große Idee der Freiheit in Einklang zu bringen mit der Wirklichkeit einer offenen, individualisierten und zum Teil auch schon (wieder) kulturell fragmentierten Gesellschaft. Nach der Durchsetzung des Prinzips individueller Freiheit und der endlich gebrochenen Vormacht der Kollektive stellen sich alte Fragen völlig neu.

In dieser erst seit ein paar Jahrzehnten eröffneten Etappe geht es darum, das notwendige Zusammenwirken von individueller Lebensgestaltung und dem Zweck von Gemeinschaften neu zu begründen, und zwar unter den geänderten Vorrangverhältnissen. Gemeinschaften, die existentiell auf dem Willen, Wollen oder Glauben ihrer Mitglieder gründen, sind nicht mehr länger Gegenspieler subjektiver Freiheitsansprüche, sondern deren Komplementäre. Wenn heute von neuer Bürgerlichkeit die Rede ist, dann ist damit die Staats- und Zivilbürgerlichkeit des Grundgesetzes gemeint und nicht etwa verstaubte Klischees längst vergangener Klassenschichtungen, wie mancher Abwehrreflex suggerieren will. Das Bürgerbild ist ein Leitbild, das auf nichts anderes zielt als auf einen überlegten und verantwortlichen Gebrauch der Freiheit und den stark ausgeprägten Eigensinn, diese Freiheit nicht erneut einem höheren Zweck zu opfern, sie auch nicht gegen Fürsorgeversprechen einzutauschen oder unter angedrohter Gewalt ängstlich zurückzuweichen. Überlegt und verantwortlich ist der Gebrauch der Freiheit, wenn er seine Voraussetzungen mit bedenkt – eine Erkenntnis,

die klassenlos und schichtenübergreifend ist. Eine Gesellschaft bleibt auf Dauer nur frei, wenn sie Freiheit als
eine sich selbst verantwortende und Bindungen einge-
hende versteht, wenn sie eine politische Gemeinschaft
nach Maßgabe der Demokratie und Rechtsstaatlichkeit
will und dafür streitet. Eine politische Gemeinschaft allerdings, die Privatheit und andere zivile Gemeinschaften
wie Ehe, Familien, Religionsgemeinschaften und ideelle
Vereinigungen als grundlegend akzeptiert[11].

Welcher Rang kommt dabei den Kirchen zu? Was ist
ihre Rolle in diesem Konzept sich autonom bindender,
verbindlich machender Freiheit? Zur Freiheit gehört die
Erkenntnis des Wertes, aber auch der Grenzen eines jeden zweckrationalen Weltzugangs, jeder technischen Instrumentalität. Wer solche Grenzen wahrnimmt, vermag
auch die religiöse Weltsicht wenigstens zu respektieren,
schon weil sie in der Tiefe der ideengeschichtlichen Entwicklung mit der modernen Vorstellung von Rationalität, Freiheit und Würde auf das Engste verbunden ist. Die
Präambel des Grundgesetzes macht deutlich, dass die
Grundmelodie einer freiheitlichen Verfassung nicht in
einem hermetisch abgeschlossenen Raum sozialer Tech-
nizität erklingt, sondern dass es etwas anders gibt, etwas,
das als Verantwortung vor Gott und den Menschen in der
Präambel der deutschen Verfassung auf einen Begriff gebracht wird.

Der Staat des Grundgesetzes hat Respekt vor Religionsgemeinschaften, die über den Glauben an Gott Zugang zum Verständnis der Welt finden und zugleich kein
Problem darin sehen, dass der Mensch, und zwar je-

der Mensch, mit seiner Würde, seiner Freiheit und seinem Anspruch auf Rechtsgleichheit im Mittelpunkt der Rechtsordnung steht. Der in der Präambel des Grundgesetzes und den Staatskirchenrechtsartikeln unserer Verfassung bekundete Respekt rührt aus tiefer historischer Erfahrung, aus der Einsicht in die Irrtumsanfälligkeit allen rationalen Planens, aus dem Wissen, dass der demokratische Staat nur in einem kulturellen Klima gelingen kann, das transzendente Ideen über den Sinn menschlichen Seins erlaubt und nicht erstickt.

Wenn es stimmt, dass das Prinzip der Freiheit sich nur dann zu behaupten vermag, wenn der sittliche Gebrauch der Freiheit weiter geübt wird, wenn es stimmt, dass die Vermittlung moralischer Kompetenz, von Erziehungsregeln und Weltdeutung letztlich nur von verantwortungsbewussten und lebensbejahenden Eltern, weltoffenen Religionsgemeinschaften und staatlichen Einrichtungen gemeinsam und zusammenwirkend geleistet werden kann, dann erschließt sich der Wert der Kirchen für den Staat neu. Es geht dem Staatskirchenrecht und seiner vertraglichen Ausgestaltung eben nicht nur um eine Wirkungsverbesserung der Religionsfreiheit[12], sondern auch um eine Stärkung der kulturellen Voraussetzungen des freiheitlichen Verfassungsstaates.

III. Identität als knappes Gut

Solche aus der Sphäre des Staates heraus gehegten legitimen Erwartungen haben sich die Kirchen zu Recht
nicht unmittelbar zu eigen gemacht, sie werden sich
nicht selbst für fremde Zwecke funktionalisieren. Die Dialektik der Angelegenheit nötigt zu einer anderen Sicht-
weise. Moderne Gesellschaften entwickeln Strukturen
der verflochtenen Kooperation, bei der auf Dauer nur
der mitspielen kann, der seine Identität erfolgreich behauptet. Kooperation kann Perspektiven so verschränken,
dass man die seines Gegenübers für die eigene hält oder
sich auf die Tragfähigkeit eines Netzes aus gemeinsamen
Leistungen so sehr verlässt, dass man selbst an Kraft verliert und das Netz zu reißen beginnt. Nur wenn die Kirchen sich auf ihre eigenwillige Identität als Glaubens-
gemeinschaften konzentrieren und hier Erfolg haben,
können sie gleichsam im Nebeneffekt dasjenige leisten,
was Staat und Gesellschaft von ihnen erhoffen. Kirchen
müssen, in der jeweiligen Sprache der Zeit, immer missio-
nieren, ihre frohe Botschaft verkünden, sie werden stets
den Menschen, und zwar allen Menschen beweisen, dass
sie ihnen und ihren Nöten mit Liebe zugewandt sind, sie
werden streiten für ihre Einsicht, dass aus der Tiefe des
Glaubens die Kraft zu einer selbstgewissen und selbstbewussten Lebensführung erwächst.
    Aber ist das nicht alles nur noch schöne Theorie?
Sind nicht Gleichgültigkeit, die zweckrationale Zurich-
tung aller sozialen Beziehungen und der antireligiöse

Affekt längst zu den großen gesellschaftlichen Bestim-
mungsfaktoren avanciert? Ist nicht das Pathos von kir-
chenrechtlichen Verträgen zwischen Körperschaften des
öffentlichen Rechts[13] längst überholt? Die kirchlichen
Gemeinschaften haben – auch zum Schaden des Gemein-
wohls – in der Gesellschaft an Boden verloren, der weder
allein mit allzu wendigen Anpassungen an politische Weltdeutungen, noch gar mit Politisierung oder Ökonomisierung der Kirchen selbst wieder wettgemacht werden kann.

Kirchenaustritte sind aber ebenso wenig wie die hohe
Zahl von Ehescheidungen per se ein Beleg dafür, dass die
Zeit solcher Gemeinschaften und ihrer institutionellen
Idee vorüber wären. Wegen der paradigmatischen Um-
kehr vom Gemeinschaftsvorrang zum Persönlichkeits-
vorrang sind solche Erosionen nicht nur zu erwarten, sie
beweisen zunächst nicht viel mehr als die Entscheidungsfreiheit der Menschen und belegen keineswegs die Ent-
behrlichkeit und die Abwendung von Gemeinschaften.
Wer die Fesseln des Traditionalismus abstreift, wird allerdings rasch vor der Frage stehen, wie die Menschen den
Weg zurückfinden können zu dem guten Sinn der tra-
genden Gemeinschaften ihrer Gesellschaft, diesmal unter
der Prämisse personalen Freiheitsvorrangs. Ist das nicht
zugleich eine Substanz der reformierten, der evangelischen Christen Deutschlands, nämlich über die persönliche und nach den Maßstäben der Vernunft erfolgende
Rezeption der Heiligen Schrift zum Glauben zu gelangen[14] und von hier aus die Gemeinschaft mit anderen
Gläubigen zu suchen und gemeinsam zu wirken? Die katholische Kirche setzt hier womöglich deutlichere Ak-

zente auf die institutionelle Kraft und Rolle der Kirche, ohne aber in Widerspruch zu geraten zu dieser konstitutiven Verschränkung des Bildes von sich vernünftig entfaltender Persönlichkeit und dem Glauben an Gott.

Aus der weltlichen Sicht des Staates werden aus dieser Identität der Kirchen Erwartungen abgeleitet, dass die Religionsgemeinschaften gerade wegen ihrer Glaubensfreiheit und Autonomie einen Beitrag zur Pflege der kulturellen Grundlagen der freien Gesellschaft leisten[15]. Doch aus staatlicher Sicht bedeutet Kooperation mit Gemeinschaften auch immer etwas Unberechenbares, seine Kontrolle Verdünnendes. Religionen, das hat auch die Geschichte der Christen bewiesen, können auch eine auf Freiheit gebaute Friedensordnung nicht nur stützen, sondern womöglich gefährden. Wo das freiheitliche Wertesystem und das friedliche Zusammenleben der Menschen untereinander durch religiöse Intoleranz bekämpft werden, endet die Religionsfreiheit der westlichen Verfassungen. Staaten wie Deutschland stehen auch der Kooperation mit eigenwilligen, von der sozialen Norm abweichenden Religionsgemeinschaften offen, wenn sie sich selbst für eine integrierende Kooperation öffnen: Das Grundgesetz verlangt von Religionsgemeinschaften gewiss keine vollständige Loyalität mit den weltlichen Mächten, aber eine Mindestakzeptanz der öffentlichen Werteordnung, der fundamentalen Verfassungsprinzipien[16], die indes nichts mit einer Gefolgschaft für den jeweiligen Zeitgeist der Republik zu tun hat.

Der transzendente Zweck der Religion ist immer auch mit einer kohärenten Lebensphilosophie im Diesseits verbunden. Die Religion will den Menschen in seinem ganzen Verhalten prägen, will die Welt umfassend begreifen und normativ deuten. Damit erweist sich die Religionsgemeinschaft als prägender Kulturfaktor, in der Geschichte war dies regelmäßig offenkundig. Heute, in der säkularisierten Welt, ist dieser Zusammenhang verdeckt, teilweise unerwünscht, er bleibt aber latent wirksam, kann jederzeit auch wieder stärker in den Mittelpunkt treten.

Was dürfen umgekehrt die Kirchen vom Staat erwarten, wenn sie seelsorgerisch auf eine die Würde und Freiheit der Menschen fördernde Weise in der Gesellschaft wirken? Gewiss dürfen die Kirchen finanzielle Hilfen dort erwarten, wo sie unmittelbar den Staat bei der Wahrnehmung öffentlicher Aufgaben entlasten. Aber dürfen sie nicht auch erwarten, dass der Staat Rücksicht auf ihre religiöse Identität nimmt? Es müsste eigentlich keiner vertraglichen, ja noch nicht einmal einer verfassungsrechtlichen Bestimmung wie die Art. 140 GG i. V. m. Art. 139 WRV bedürfen, um zu verstehen, dass die Sonn- und Feiertagsruhe geschützt ist und dass deshalb weder die Förderung der Wirtschaft noch die Bedürfnisse zu konsumtiver Freizeitgestaltung hier eine verdrängende Kraft entfalten können. Es wäre jedenfalls keine gute Entwicklung, wenn sich eines Tages der Gesetzgeber zum Anwalt eines religionsvergessenen oder -feindlichen Trends in Teilen der Gesellschaft machte. Die demokratischen Institutionen verließen dann jene besondere Sphäre verständnisvoller Neutralität, die der Tradition des deutschen Staatskirchenrechts zugrunde liegt.

Der moderne Verfassungsstaat ist von der Sphäre des Religionsbekenntnisses und der Religionsausübung prinzipiell wie von allen gesellschaftlichen Organisationen getrennt und insofern neutral. Er darf nicht Partei ergreifen im Konflikt zwischen Religionen, zwischen religiösen Glauben und Atheismus, im Streit der Weltanschauungen, darf sich nicht selbst einer Religion als Herrschaftsinstrument bemächtigen[17]. Der öffentlichen Gewalt ist es auch verwehrt, sich in religiöse oder weltanschauliche Wahrheitsfragen und Glaubensüberzeugungen mit einem verbindlichen Spruch einzuschalten. Das Neutralitätsgebot verbietet den staatlichen Übergriff in die transzendente Deutung der Welt, das tiefere Streben nach Glück, Glaube und Wahrheit ist Privatsache und nicht der Gegenstand von Mehrheitsentscheidungen, die mit dem Gewaltmonopol durchgesetzt werden dürften.

Neutralität bedeutet aber nicht, dass die Verfassung ihrerseits auf jede Wertebindung und jede Nähe zu einem System der Weltdeutung verzichtet. Neutralität ist nicht Gleichgültigkeit und kalte Indifferenz, erst recht bedeutet die Idee der Neutralität nicht die politische Unterstützung eines antireligiösen Affekts. In der deutschen Verfassungstradition wirkt es befremdlich, wenn das Verbot der institutionellen Verstrickung von Staat und Religion so, wie teilweise in den USA, verstanden wird, dass eine staatliche Behörde oder eine Gemeindeverwaltung keinen Weihnachtsbaum aufstellen darf, weil sich ansonsten durch solche Symbolik alle Nichtchristen als Bürger ausgeschlossen fühlen müssten[18].

IV. Staatskirchenrecht zwischen Freiheitsverstärkung und Synallagma

Das Grundgesetz hat bekanntlich die staatskirchenrechtlichen Vorschriften inkorporiert, also in Geltungskraft gehalten und damit das Konzept des neutralen Staates übernommen, eines Staates also, der sich kooperativ für Religionsgemeinschaften öffnet, die auf dem Fundament der vom Grundgesetz verfassten Gesellschaft stehen. Kooperation in diesem Sinne bedeutet Zusammenwirken unter Achtung der Unabhängigkeit, der Identität des Anderen, bedeutet, wie Artikel 2 des brandenburgischen Kirchenvertrages vorsieht, den anderen zu konsultieren, bevor man handelt, miteinander zu reden, sich aber auch mit wechselseitigen Pflichten zu binden. Studiert man die Verträge, so bindet sich der Staat allerdings mehr als die Kirchen, seine Pflichten überwiegen. Das liegt zunächst ganz in der Konsequenz einer Asymmetrie zwischen Staatsgewalt und grundrechtsgeschützter Gemeinschaft.

Das Bundesverfassungsgericht hat in seiner Entscheidung vom 19. Dezember 2000 zum geltend gemachten Körperschaftsanspruch der Zeugen Jehovas noch einmal klargestellt, dass die Weimarer Kirchenartikel Bestandteil des Religionsrechts und des Staatskirchenrechts des Grundgesetzes sind und ihre Bedeutung auch in einer Verstärkung des Religionsgrundrechts[19] aus Art. 4 Abs. 1 und 2 GG zu finden ist. Ein ganzes Stück weit zielen deshalb die Kirchenverträge auf die Ausgestaltung eines grundrechtlich geschützten Bereiches. Die staatliche Seite bleibt darauf angewiesen, dass die Kirchen von ihrer Freiheit selbst gestaltenden Gebrauch machen und den Weg zurück in die Herzen der Bürger finden. Niemand sollte sich durch angebliche, medial behauptete Megatrends einer Atomisierung der sozialen Welten in die Irre leiten lassen. In manch einer kirchlichen Gemeinde wächst nach einer Phase der Auszehrung und des Niedergangs wieder neues Leben. Eine wachsende Zahl von Menschen stellt vernehmbarer Fragen nach dem Sinn menschlichen Seins und der Möglichkeit Gottes. Wenn Männer und Frauen, Seelsorger und Laien aus den Kirchen heraus noch mehr eigene Selbstgewissheit gewinnen, wenn sie weiter Wurzeln der Gesellschaft hegen und es gelingt, die Bürger noch mehr zu eigenem Tun zu ermuntern, dann wird die Grundidee der Verträge zwischen Kirchen und Staat wieder sichtbarer werden und neue Kraft entfalten.

F.
Religion: Fundament oder Belastung
der Demokratie?[1]

I. Religion und Demokratie

Demokratie ist nicht nur ein normatives Prinzip, logisch abgeleitet aus bestimmten Prämissen und Rechtsgeboten. Sie ist als Organisationsprinzip politischer Herrschaft auch ein soziales Faktum, als solches in eine Kultur und in die psychosoziale Kompetenz der Bürger eingebettet, von beiden abhängig und beide auch prägend. Insofern ist es nicht nur spannend mit *Max Weber* zu fragen, wie sich religiöse Dispositionen auf die Rationalität des Wirtschaftens auswirken. Es geht nicht nur darum, die Zusammenhänge der religiösen Grundvorstellungen »mit den Maximen des ökonomischen Alltagslebens zu durchschauen«[2], sondern auch, abzuschätzen, ob religiöse Muster, bestimmte Formen und Inhalte des Glaubens, die kulturellen Bedingungen der Demokratie und ihre Chance auf Selbstbehauptung und Entfaltung prägen. Haben Katholizismus oder Protestantismus die Demokratie befördert oder behindert? Driftet umgekehrt eine entwickelte Demokratie mit einer gewissen Sachgesetzlichkeit zu Säkularisierung und religionsfeindlicher Aufklärung? Passen Islam und Demokratie zusammen oder sind sie institutionelle Antagonisten?

Über solche Fragen wird nicht gerne geredet, auch weil niemand so recht sich anmaßen will, für religiöse Bekenntnisse das Gütesiegel »demokratieverträglich« zu erteilen oder zu verweigern. Dennoch wird die öffentliche Diskussion des politischen Raumes ebenso wie das geistige Leben der Religionsgemeinschaften nicht auf die Dauer um eine vorsichtige Differenzierung und um Nachfragen herumkommen. Im folgenden geht es um keinen Prüfbericht für Demokratieverträglichkeit, sondern um das allgemeine Raster in dem solche Fragen überhaupt sinnvoll zu stellen wären.

II. Die Idee der Volksherrschaft, politischer Absolutismus und wachsende Mediatisierung

Demokratie heißt Selbstbestimmung eines Volkes. Alle Staatsgewalt geht vom Volke aus, sie wird in Wahlen und Abstimmungen ausgeübt[3]. Selbstbestimmung meint gemeinschaftlich ausgeübte Freiheit, und zwar unabgeleitete Freiheit, originärer Wille. In unserer Staatsphilosophie und im neueren Menschenrechtsverständnis ist auch die Souveränität und die Macht der Staaten eine Konsequenz personaler Freiheit, und zwar bevor die historische und kulturelle Wirkmächtigkeit kollektiver Verbände, wie etwa Nationen dann doch in Rechnung gestellt werden. Demokratie ist somit streng genommen keine mögliche Staatsform unter mehreren, sondern vom Axiom personaler Freiheit aus gedacht, die einzig mit ihm vereinbare, weil ein zur Freiheit berufenes Subjekt sich keiner Gewalt unterwirft, die es nicht zu gleichen Teilen frei wählen kann, keiner politischen Macht untertan sein will, die nicht ihrerseits in Wohl und Wehe von seiner Zustimmung abhängt, aus Einsicht gegeben, als Mehrheitswille ermittelt.

Demokratie ist eine politische Herrschaftsform, die ihre Legitimität aus dem Volk bezieht, das wiederum auf der rechtlichen Ebene als Summe von Bürgern eines Gemeinwesens definiert ist: Souverän ist das Volk, wenn es mit Mehrheit entscheidet, in Wahlen oder Abstimmungen. Der Begriff der Volkssouveränität ist ein Begriff, der sowohl aus der völkerrechtlichen[4] wie der staatsrechtlichen[5] Diskussion stammt, der in beiden Rechtskreisen verbindliche Norm ist und zugleich einen vorrechtlichen moralischen Anspruch formuliert.

Auch Souveränität bedeutet im Kern ein unabgeleitetes, ursprüngliches Freisein. Aber der Begriff Souveränität erschließt sich ähnlich wie der Begriff der Freiheit in seiner Tiefe nur, wenn sein dialektischer Hintersinn mitgedacht wird. Als der französische Sonnenkönig den von *Jean Bodin* geschneiderten Mantel der Souveränität umlegte[6], war dies ein die Monarchie im Anspruch hebender Akt gegen die alten intermediären Gewalten, gegen Stände und Kirche, aber kein orientalisches Ornat, kein verherrlichender Schmuck, sondern ein Produkt des Rationalismus, vielleicht war es auch der raffinierte Versuch, Macht mit einen Rechtsbegriff zu fassen und dadurch zu begrenzen – das Absolute durch die Begründung seines Absolutseins zu relativieren.

Das Mirandolische Freiheitsaxiom[7] und Machiavellis un-
begrenzte Selbstbezüglichkeit der Macht hatten die Frage
aufgeworfen, ob der Fürst und später das Volk alles dürfen oder ob sie auf Grenzen stoßen, seien es inhärente,
schon aus der Logik des Anspruchs folgend, seien es ex-
terne, die eine größere Einheit hinter der zweckrationalen
Spezialisierung politischer Macht spürbar bleiben lassen.

Die Idee der Volksherrschaft hat den Fürsten die politische Macht entwunden. Dabei wird aber mitunter vergessen, wie unwahrscheinlich es bereits anlässlich der
modernen Staatsbildung war, politische Macht überhaupt
aus traditionalen, moralischen, welterklärenden, spirituellen und religiösen Bezügen herauszulösen und sie als
selbstständig, als souverän zu begreifen[8]. Diese Verselbständigung der Politik hat in der Neuzeit, hat mit Machiavelli begonnen: Macht um der Macht willen, Steigerung
der Macht als Bewegungslogik und zugleich heimlicher
Sinn des politischen Prozesses[9]. Die Demokratie hat diesen rüden Anfang natürlich überwunden, aber sie kann
den tabellarischen Linien seiner Matrix nicht entkommen.
Die Demokratie sieht im Parlament oder im volksgewähl-
ten Präsidenten die Mitte einer nationalkulturellen Gesellschaft[10], mit dem Mandat, die Bedingungen des Lebens
zu gestalten und das Schicksal jener Gemeinschaft in die
Hand zu nehmen. Mehrheit darf (scheinbar) alles. Gesetze gelten, wenn sie im förmlichen Verfahren zustande
gekommen sind[11]. Das Parlament ist der Autor der Straf-
gesetze, die gewählte Regierung befehligt Polizei und
Staatsanwälte, die Regeln des Marktes, die Infrastruktur
und der Rahmen der Wissenschaft gehen ebenso wie die

Inhalte und Methoden der Bildung, das bauliche Erscheinungsbild der Städte auf den Willen der Verfassungsorgane zurück.

Heute ist dieser demokratische Wille vielfach mediatisiert, in seinen Wirkungslinien gebrochen, gefesselt vom Recht, vor allem dem selbst gesetzten, aber auch dem vom Richter erkannten und international vereinbarten, beeinflusst vom moralischen Input der öffentlichen Meinung, ausgesetzt den Zwängen ökonomischer Sachrationalität, eingebunden in den komplexen Konsens kooperativer Überstaatlichkeit[12]. Aber das Herz der Demokratie schlägt auch in diesem komplizierten Organismus weiter und der Wille zur Gestaltung der sozialen Lebensverhältnisse bleibt politischer Grundzweck in der Mechanik der Macht.

III. Demokratischer Mehrheitswille und grundrechtlicher Eigensinn

So wie man selbst dem absoluten Königtum Grenzen setzte, so darf auch Demokratie nicht alles. Dies resultiert schon aus den Konstruktionsbedingungen der eigenen normativen Basis. Wenn der Mensch vor dem Staat kommt, wenn die Würde eines jeden einzelnen Menschen und die Idee davon im Mittelpunkt der Rechtsordnung stehen[13], dann kann auch im demokratischen Verfassungsstaat nicht jede mit Mehrheit verabschiedete Beschränkung der Freiheit des Einzelnen rechtens sein. Es gibt einen der Mehrheitsentscheidung nicht zugänglichen Bereich personalen Eigensinns, den die Grundrechte schützen und der auch darauf zielt, außerhalb des staatlichen Regelwerks ein Ambiente für sittliche Vernunft zu erhalten, das nicht dem Machtspruch zugänglich ist. Deshalb stellt das Grundgesetz, die Verfassung der Deutschen, die Grundrechte vor die Regeln der Staatsorganisation. Deshalb auch sind Grundrechte subjektive, durchsetzbare Rechte gegen die Mehrheit, sogar gegen das gut erwogene parlamentarische Gesetz. Und deshalb schließlich besitzen die Grundrechte als Abwehrrechte einen unantastbaren Kernbereich, verlangen von der Mehrheit Rechenschaft über den Zweck der freiheitsbeschränkenden Regelung und erlauben es den Richtern, hier mit der Elle der Verhältnismäßigkeit zu messen. Man spricht es vielleicht gar nicht so gerne aus: aber die Grundrechte begrenzen die kollektiv ausgeübte Freiheit der Demokratie – für das liberale Grundrechtsdenken klingt die Formel von der Demokratisierung der Gesellschaft deshalb nicht nur positiv, weil damit auch die »Verstaatlichung« der Gesellschaft mitschwingt.

In diesem Konstruktionsprinzip liegt jedenfalls immer eine Spannung, die man nicht allein reduzieren sollte auf die unterschiedlichen Rollenverständnisse und Sozialisationen der maßgeblichen Akteure, also auf Parteipolitiker, Parlamentarier, Ministerialbeamte oder Richter. Es geht um das Menschenbild zivilisierter Verfassungsstaaten, es geht um die Idee der Freiheit selbst. Die humanistische Neuzeit hat den Menschen als Solitär funkeln lassen, wohl wissend, dass er ohne Gemeinschaft mit anderen als Person nicht werden, nicht gedeihen und nicht wirken

kann. Aber seine gebildete Einsicht, sein moralisch ge-
leitetes Gewissen, sein selbstverantwortlicher Wille sind
doch die letzte Instanz, der tiefste Grund aller weltlichen
Ordnung. Die Systeme der Wirtschaft, der Wissenschaft,
des Rechts und eben auch der Politik nehmen ununter-
brochen diesen Willen der vielen Einzelnen in ihre Ope-
rationen auf, stoßen aber auch auf Grenzen der Ausdifferenzierung, wenn die Menschen als selbstbestimmte
Personen der technischen Sachrationalität nicht mehr folgen wollen oder nicht mehr folgen können. Lebendige
Demokratie und wirksamer Grundrechtsschutz als Wir-
keinheit überführen diese Spannung in Rechtsform und
schieben damit die Grenzen der Ausdifferenzierung hinaus, stabilisieren die Ordnung der Freiheit.

IV. Konkurrierender Absolutismus des Glaubens

Die Grundrechte begrenzen demnach die Macht
der Mehrheit und die Zweckrationalität des Politischen.
Sie schützen den staatsfreien Raum der Bürger zur ei-
gensinnigen, gerade auch zur unpolitischen Entfaltung.
Dazu zählt die Gewissens-, Glaubens- und Religionsfreiheit. Was ist der Glaube, was sind Religionen und Weltanschauungen für das Verfassungsrecht? Der Glaube ist
etwas Sperriges, und zwar nicht nur weil dem Rationalismus des aufgeklärten, des säkularen Staates jenes andere,
das Transzendente der menschlichen Vernunft entgegen-
gesetzt wird. Ein normativer Glaubenszusammenhang
kann dem Einzelnen ähnlich souverän befehlen, wie dies

der Gesetzgeber in der öffentlich-politischen Sphäre tut.
Im Grunde geht es um einen Konflikt der Souveräne, dem
diesmal nicht, jedenfalls nicht unvermittelt mit dem Vorrang personaler Freiheit beizukommen ist, ohne den Sinn
der staatlichen Rechtsordnung herauszufordern.

Ein vergleichsweise harmlos scheinender Rechtsfall
macht den systematischen Konflikt zwischen der grundrechtlich verbürgten Glaubensfreiheit und der für jedes
individuelle Freisein unentbehrlichen Demokratie deutlich. Das Bundesverfassungsgericht hat vor über drei Jahrzehnten über einen evangelischen Pfarrer zu entscheiden,
der seine Vereidigung als Zeuge in einem Strafverfahren
abgelehnt hatte, weil er der Bergpredigt entnahm, dass
den Christen jedes Schwören untersagt sei[14]. Es kam ihm
nicht auf die religiöse Bekräftigung des geforderten Eides
an, sondern auf die Zulässigkeit eines Eides überhaupt,
weil die Rede schließlich nach dem Wort Christi nur »Ja,
Ja oder Nein, Nein« sein solle, wobei das, was darüber
hinausginge, von Übel sei. Das Verfassungsgericht verstand hier, wie schon zuvor in anderen Entscheidungen,
die Glaubensfreiheit als einen Raum, in dem sich der Einzelne die Lebensform zu geben vermag, die seiner inneren Überzeugung entspricht. Dazu gehöre die Freiheit, zu
glauben und nicht zu glauben und die Freiheit, sein ge-
samtes Verhalten an den Lehren seines Glaubens auszurichten[15].

Damals ist das Bundesverfassungsgericht sehr weit
gegangen bei der Bemessung dieser Freiheit[16]. Die Regelungen der Strafprozessordnung mussten im Ergebnis
zurückweichen vor den vom Gericht für plausibel be-

gründet erklärten normativen Offenbarungen der Bergpredigt[17]. Heute werden Entscheidungen mit einem solchen Maß an Entgegenkommen schon deshalb kritisiert,
weil man nicht mehr wie damals einigermaßen sicher sein
kann, welche Glaubensgebote in einer vielfältiger gewordenen religiösen und weltanschaulichen Landschaft dem
staatlichen Rechtsbefolgungsanspruch entgegengehalten
werden: Schächten und Tierschutz[18], Neutralitätspflicht
des Beamten und islamische Bekleidungsvorschriften[19]
können heute jederzeit ähnliche Konfliktlagen erzeugen,
und man weiß nicht genau, ob bei derartig weitgehen-
der Liberalität die Integration eines demokratischen Verfassungsstaates noch gelingen kann oder am Schluss die
Fragmentierung der Rechtsordnung entlang der Linien
von glaubensbestimmten Kulturräumen verläuft.

V. Zwei Welten und die Einheit des Widerstandes

Aber was bedeutet in diesem Zusammenhang Glauben? Diese Frage hat damals, im Jahr 1972, ein Sondervotum zum Senatsbeschluss über die verweigerte Ei-
desleistung aufgeworfen. Dieses Sondervotum verdient
Beachtung wegen seines Inhalts, aber auch wegen seines
Autors. Es handelte sich um das Dissent des Richters *von
Schlabrendorff.* Das war der Mann, der am 13. März 1943
als Ordonnanzoffizier des Stabschefs *Henning von Tresckow*[20],
zwei als Cointreauflaschen getarnte Sprengstoffpakete in
Hitlers Flugzeug geschmuggelt hatte, die dann aber, vermutlich wegen der besonders niedrigen Temperaturen im

Frachtraum, nicht detonierten. *Von Schlabrendorff* hatte den
20. Juli 1944 nur knapp überlebt, er hatte unter schwers-
ter Folter der Gestapo nichts über die Verschwörung und
Mitverschwörer gegen die Diktatur preisgegeben[21]. Keine
Frage: Für diesen religiös musikalischen Patrioten musste
Glaube etwas hoch Bedeutsames sein, aber ebenso war
für ihn von Bedeutung, wie sich die Freiheit des Glaubens zum demokratischen Verfassungsstaat verhält.

Der ehemalige Widerstandskämpfer, der nun die rote
Robe der rechtsstaatlichen Ordnung trug, Exponent eines
Verfassungsstaates, den er sich im Konzentrationslager
herbeigesehnt hatte, weist darauf hin, wie alt und wie
fundamental der Konflikt zwischen Glaubensfreiheit mit
ihrer Gewissheit einer transzendenten Existenz auf der einen Seite und dem Anspruch des Staates auf Befolgung
seiner legitimen Gesetze auf der anderen Seite ist. Das
Sondervotum redet von der »verantwortlichen Freiheit«
des Einzelmenschen im Hinblick auf die vom Grundgesetz geschaffene Gesamtordnung[22] und steuert dann auf
die alte Dichotomie von Dieseits und Jenseits zu, die viel
zu tun hat mit der Unterscheidung von weltlicher und
geistlicher Sphäre[23]. Sowohl *Thomas von Aquin* für die Katholische Kirche wie auch *Martin Luther* und *Johannes Calvin*
für die Reformatorische Kirche hätten keinen Zweifel ge-
lassen, dass die Bergpredigt sich nicht an den Staat wendet. Die Bergpredigt sei kein Gesetz und vor allem kein
Gesetz für den dieseitigen Äon. Diese Unvollkommen-
heit sieht *von Schlabrendorff* auf der Erde, die Bergpredigt
richte dagegen den Blick auf die Vollkommenheit im Jenseits und er warnt vor denjenigen, die mit solchem Blick

auf das Jenseits die Vollkommenheit schon auf dieser Erde
zu schaffen gedenken und deshalb mit dem Hebel ihrer
Glaubensgebote eine vollkommene Ordnung auf Erden
durchsetzen wollen[24]. Noch bemerkenswerter für dieses
Juwel in der amtlichen Entscheidungssammlung des
Bundesverfassungsgerichts sind Ausführungen zur Frage,
welcher Wert dem Staat als eine »von Gott gestiftete Erhaltungsordnung«[25] zukomme und ob der Staat sich mit
der Abnahme des Eides in eine metaphysische Beziehung
setze, die seiner aufgeklärten Rationalität zuwiderlaufe.
Diese letzte Frage ist von ganz entscheidender Bedeutung
für das Thema, ob Religionen womöglich eine Gefahr für
den demokratischen Verfassungsstaat sind.

Religionen sind gemeinschaftsfundierte Ordnungs-
systeme mit einem über die empirisch erfahrbare Welt
hinausweisenden existentiellen Deutungssinn[26]. Eine Religion geht von einer äußeren oder den Dingen inne-
wohnenden Wirkkraft aus, die sie jedenfalls der bloßen
Faktizität und Physis des individuellen Bewusstseins ent-
gegensetzt. Aus den Gewissheiten des Glaubens und seiner rituellen oder dogmatischen Bekräftigung folgen
Welterklärung, sinnhafte Orientierung und normative
Verhaltensregeln. Jede Religionsgemeinschaft ist insofern
selbstbezüglich, es geht um die Bestärkung des Glaubens,
um Lebens- und Existenzerfüllung im Glauben, es geht
um Konsistenz der Glaubenssätze, um die Erhaltung ge-
offenbarter Wahrheiten, um die stete Präsenz des Unbe-
obachtbaren in der beobachtbaren Welt[27]. Dennoch wird
seit Beginn der Neuzeit dem Glauben abverlangt, er solle
das Gebot der ausdifferenzierten Selbstbeschränkung ak-

zeptieren und nicht, gestützt auf Religionsfreiheit, versuchen, die vom Glauben gelöste weltliche Ordnung nach dem Bilde seiner jeweiligen Glaubensgewissheit umzugestalten. Dies musste das Christentum in Europa manchmal mühsam wieder lernen, weil das fromme Mittelalter die Religion zu sehr in die Welt und ihre Interessen, ihre Händel, ihre Kriege hineingezogen hatte. Heute werden auch andere große Religionen zu respektieren haben, dass die Glaubensüberzeugung kein Hebel ist für die intolerante kulturelle Umgestaltung einer pluralen Welt und erst recht kein Hebel für die Erlangung politischer Macht auf dem Weg zu einer postmodernen neuen Einheit von Macht, Kultur und Religion. Allerdings sollte auch nicht umgekehrt die Öffentlichkeit Religionen als Subsysteme des Politischen verstehen, deren Bekundungen ohne sonderliches Verständnis für die Identität einer Religionsgemeinschaft dann als bloße Beiträge im politischen Diskurs behandelt und kritisiert werden.

Die Pointe der modernen Gesellschaft liegt darin, dass die grundlegende Unterscheidung von Funktionskreisen, die eine eigene Rationalität entfalten wie der Markt, die Wissenschaft, das Recht, keine Durchtrennung und vollständige Autarkie meint und doch auf Autonomie (Freiheit) bestanden werden muss. Wer auf das Jenseits blickt, muss in dieser Welt und in ihrer Rechtsordnung bleiben, ohne Transzendenz als Perspektive dabei aufzugeben. Das heißt eben nicht, willens-, glaubens- und gewissenlos einer positiven Rechtsordnung um jeden Preis zu gehorchen, sondern in legitimen Verfahren aktiv auf diese Rechtsordnung einzuwirken, durch Wahlen, Abstimmungen, bürgerschaftliches Engagement und Beteiligung an der öffentlichen Meinungs- und Willensbildung, Anrufung der Gerichte. Das Gewissen und der Glauben können als ultima ratio auch in einer legitimen Ordnung die Auflehnung gegen das Gesetz gebieten, sogar gegen die Letztentscheidung unabhängiger Gerichte, allerdings um den Preis einer aus Einsicht folgenden Unterwerfung unter die dann fällige Sanktion.

Wenn dem religiösen Glauben so viel weltlich-rationales Verständnis abverlangt wird, was ist dann mit dem demokratischen Staat? Wird auch ihm umgekehrt etwas im Umgang mit Religionen abverlangt? Wenn die Trennung der religiösen Glaubensgebote von der Sphäre des staatlichen Gesetzes nicht absolut sein darf, darf dann auch der Staat sich ein Stück metaphysischen Vernunftzugangs bewahren? Das war in dem erwähnten 1972 entschiedenen Fall ein Problem hinter der Frage, ob der säkulare und rationale Staat überhaupt einen Eid mit Bezug auf etwas Transzendentes abnehmen darf, weil jeder Eid und jeder Schwur eine religiöse oder quasireligiöse Dimension besitze[28]. Was sagt das für diese Entscheidung abgegebene Sondervotum zu dieser Frage? Es verweist auf die großartige Präambel des Grundgesetzes und das dort erklärte Bewusstsein der Verantwortung vor Gott und den Menschen und schließt daraus, dass die Verfassung der Deutschen zwar gewiss nicht eine Spur theokratisch sei, aber eben auch nicht religionsavers und nicht absolut in ihrer Weltlichkeit.

VI. Der Gottesbezug der Präambel

Die verfassungsgebende Gewalt erklärt in der Präambel des Grundgesetzes, wem gegenüber sie verantwortlich sein will. Mit diesem Vorspruch wollten vor 60 Jahren die Mitglieder des Parlamentarischen Rates zugleich die Idee dieser Verfassung prägnant zum Ausdruck bringen: Das Deutsche Volk gibt sich kraft seiner verfassungsgebenden Gewalt das Grundgesetz im Bewusstsein seiner Verantwortung vor Gott und den Menschen[29]. Damit ist eine konstruktive Spannung angelegt – die zwischen Freiheit und Bindung. Auf der einen Seite steht die Selbstermächtigung verfassungsgebender Gewalt, also die Volkssouveränität als Substanz der Demokratie, auf der anderen Seite derselben Medaille, geboren aus der Idee der Freiheit, stehen Bindung und Verantwortung. Die Demokratie eines souveränen Staates darf im Prinzip alles, aber sie bindet sich aus höherer Einsicht selbst: und zwar in den Formen des Rechtsstaates, durch die Abwehrkraft der Grundrechte, durch die gemeinsam gestalteten Bedingungen der europäischen und internationalen Einheit. Wirkliche Freiheit denkt die Bedingungen des Freiseins immer mit. Sie ist insofern bewusste Freiheit[30] als dass sie Selbstbegrenzung nicht als heteronome Grenze begreift. Wer Einsicht gewinnt in die Bedingungen des Seins oder die Beschränkungen des möglichen Wissens und Wirkens, erlebt dies eben nicht als Niederlage der rücksichtslosen mechanistischen Selbstentfaltung, sondern gelangt zum vernünftigen Gebrauch der Freiheit, die den Gegensatz von individueller Singularität und gemeinschaftlich verbürgter Lebenswelt überwindet.

Ein Weiteres tritt hinzu: Die Volkssouveränität ist die konsequente Übernahme der Idee persönlicher Freiheit in die Formtypik politischer Herrschaft. Es stehen also auch noch zwei verschiedene Ebenen der Freiheit in Spannung und Konkurrenz. Die eigentliche Freiheit der einzelnen Person und die gemeinsam ausgeübte, die gemeinschaftliche Freiheit in der Demokratie, die dem Einzelnen aber zugleich als äußere Pflicht und auferlegter Zwang entgegentreten kann. Was kommt zuerst: Volkssouveränität oder personale Freiheit? Die zentrale Botschaft der freiheitlichen Verfassung lautet, dass der Mensch im Mittelpunkt der Rechtordnung stehe. Das Gemeinwohl kann weit überwiegend, schlechthin zwingend sein, aber sein letzter Zweck bleibt die Würde des Menschen: also des einen Adressaten der Verantwortung, hier auf dieser Erde, dessen Würde aber nicht ohne Bewusstsein von dem anderen Adressaten, nämlich der Verantwortung vor Gott, bestimmbar bleibt.

Selbst die als souverän gedachte verfassungsgebende Gewalt eines Volkes kennt also den Ort, wo sie Rechenschaft gibt, auch die Demokratie hat eine höhere Instanz, einen nicht disponiblen Zweck und Sinn: Der Staat ist für die Menschen da, jeder Amtsinhaber, jeder Minister, jeder Beamte handelt in Verantwortung vor den Menschen. So entsteht eine institutionelle Stufenleiter: Die Regierung ist dem Parlament verantwortlich, das Parlament dem Volk, das Volk besteht aus Menschen, die wie ihre Abgeordneten ihrem Gewissen unterworfen, ihm – dem Gewissen also – verantwortlich sind.

VII. Religion und Bürgerlichkeit im Kontext
der reflektierten Aufklärung

Einem heteronomen Befehl, dem Befehl eines anderen, folgt der freie Mensch in vielen, in den meisten Fällen aus Einsicht in die Richtigkeit und Notwendigkeit, dann ist es eigentlich kein Befehl mehr, sondern die von einem anderen erinnerte Pflicht, demnach Selbstdisziplin, Freiwilligkeit. Aber nicht alles rechtlich Geforderte, kann und will der Bürger einsehen. Er folgt auch dem nicht einleuchtenden Wort eines Amtsträgers, weil er ihm die Macht zum verbindlichen Gebot generell übertragen hat, das ist Demokratie. Alle Staatsgewalt muss vom Volke ausgehen, es bedarf der Entscheidung durch die Mehrheit, es bedarf der Volksrepräsentation, damit ein moderner Staat Recht setzen kann, ohne in jedem Einzelfall den Rechtsunterworfenen um Zustimmung zu bitten, von den Sonderfällen der Volksabstimmung einmal abgesehen.

Der dem Recht unterworfene Bürger entscheidet in freien und gleichen Wahlen über die personelle Verteilung der Amtsmacht sowie über die programmatische Richtung der Sachpolitik, durch dieses personelle und sachlich generalisierte Mandat wird seine Zustimmung zur Einzelanordnung sozusagen ersetzt und die dialogische Beziehung zwischen Mandat und dem Souverän, also dem Wähler, lebendig gehalten. Eine Demokratie, die diesen dialogischen und responsiven Anforderungen tatsächlich genügt, ist insofern viel abhängiger von den Einstellungen und Wertegrundlagen der Bürger und der öffentlichen Meinung als gemeinhin angenommen wird. Eine Zuschauerdemokratie übersieht allzu leicht, dass es beim Wahlrecht, der öffentlichen Meinungskundgabe und bei dem Recht auf freie Wahl, auch bei einer Parteimitgliedschaft, um den »Status activus«[31] geht; dass deshalb das politische Geschehen immer auch ein Abbild eigener Präferenzen und Resultat des eigenen Engagements etwa in politischen Parteien ist oder eben auch Konsequenz eines Verzichts auf solche Bürgerrechte und -obliegenheiten. Nicht das lockere Demonstrationshappening, die Einpunktinitiative oder die große Geste der moralischen Empörung gegen den armseligen politischen Betrieb ist das Rückgrat der parlamentarischen Demokratie, sondern die Kärrnerarbeit in politischen Parteien, vor allem unten vor Ort, genauso wie die Arbeit in der Gemeinde, das Ehrenamt in den sozialen Einrichtungen und der bürgerschaftlichen Selbstverwaltung. Wer genau hinsieht, wird nicht nur in der großen Mechanik der Werte und Ideen eine erstaunliche Ko-Evolution von religiöser Verankerung und bürgerschaftlicher Demokratie nachweisen können, sondern auch in der Alltagspraxis. Wem seine Familie und seine Gemeinde wichtig ist, der wird auch der freiwilligen politischen Bindung nicht fern stehen, weil Verantwortungsgefühl nicht allein auf dem spiegelnden Parkett modernen Galerien entsteht, sondern in Räumen menschlicher Nähe und den Gemeinschaften, die nicht nur die zweckrationale Ausrichtung kennen.

Religionsgemeinschaften, die offen für Glauben und Vernunft sind, lassen eine gesellschaftliche Lebenswelt wachsen, die nicht nur Orientierung und Halt gibt, sondern in einer freien individualisierten Gesellschaft den Anderen und das Andere einblendet.

Glaube und Religion sind aus der Perspektive einer reflektierten Aufklärung, einer Aufklärung zweiter Ordnung, aber noch etwas anderes. Sie sind ein Reservoir an Weisheit, die nicht identisch ist mit der vorherrschenden instrumentellen Vernunft und nicht dem Gebot intersubjektiver Überprüfbarkeit unterliegt: »Glauben« eben und nicht »Wissen«. Die naive Aufklärung erster Ordnung hatte Glaube und Religion mit Aberglaube, Vorurteil und Unvernunft auf eine Stufe gestellt und wie eine Krankheit bekämpft[32]. Seitdem wagen viele Gläubige nicht mehr, ihren Glauben offen zu zeigen und als Argument in öffentlichen Debatten zu führen. Hier werden sich die Zeiten ändern. Wer heute über die Grenzen biotechnischer Machbarkeit redet, wer Beurteilungssicherheit in Ethikkommissionen sucht, weil er dem demokratischen Prozess nicht mehr recht vertraut, der wird erkennen, dass Religionsgemeinschaften für Ethik und Recht eine korrespondierende Umwelt bilden, auf die nicht verzichtet werden kann ohne sich selbst zu gefährden. Nicht etwa, dass Kirchen im weltlichen Disput über Ethik und Recht eine bessere, eine überlegene Wahrheit hätten. Auch Glaubensgebote können diffus sein, Fragen offen lassen oder einfach falsch verstanden werden: auch Interpretation der Schrift ist Menschenwerk, deshalb vermutlich bitten wir um die Gnade der Erleuchtung.

Der Wert von Glaube und Religion liegt etwas asymmetrisch zu solchen Erwartungen. Der für Vernunft geöffnete Glaube hält einen anderen Zugang zum Verständnis der Welt und zum Sinn menschlicher Existenz offen. Es lohnt sich darüber zu debattieren, wenn die Demokratie sich nicht allein der Machtmechanik, den lautstarken Interessen, dem notwendig begrenzten Horizont von Experten und den bürokratischen Routinen aussetzen will.

Es ist noch gar nicht so lange her, da hatten wir eine einigermaßen klare Vorstellung vom Wesen und Wert der Religionen in Europa. Nach dem Ende des Zweiten Weltkrieges schien die seit dem Renaissancehumanismus und der Reformation schwelende Unruhe des Kontinents im freien Teil Europas zu einem definitiven Ende gekommen. Mehrere Ergebnisse wurden als unumstößlich angesehen. Europa war und blieb ein christlicher geprägter Kontinent, der seine jüdischen Quellen nicht mehr als fremd bekämpfte, der den Kampf der Konfessionen und Bekenntnisse eingestellt hatte, den großen Prozess der Säkularisierung ebenso anerkannte wie den Wert religiöser Prinzipienfestigkeit gegen die Versuchungen totalitärer Entdifferenzierungen, seien sie politischer, wissenschaftlicher oder ökonomischer Provenienz. Die im 19. Jahrhundert allmählich gewachsene und im 20. Jahrhundert sich konvulsiv entladende ideelle und politische Rebellion gegen Bürgerlichkeit und Christlichkeit war in Europa zusammengebrochen. 1945 war der rechte Aufruhr gegen den Liberalismus, Demokratie und Massenegalität an seinem eigenen Wahn zugrunde gegangen, an seinem kruden Sozialdarwinismus und seinem antizivilisa-

torischen Gewalt- und Mordpragma. Einige Jahrzehnte
später implodierte dann auch die linke Rebellion gegen
bürgerliche Liberalität und religiöse Tradition mit ihrer
grauen tristen Funktionärsherrschaft und der polit-büro-
kratischen Diktatur über Wirtschaft und Kultur.

Dort, wo Liberalität und Demokratie siegten, konnten bürgerliche Alltagskultur und christliche Religionen
wieder erstarken, sofern nicht personell übermittelte Tra-
ditionsstränge allzu deutlich abgebrochen waren. Im Gel-
tungsbereich des Grundgesetzes war Religion nach 1949
eine große, wiederentdeckte kulturelle Ressource. Man
hatte erlebt, dass in den schlimmsten Diktaturen des 20.
Jahrhunderts erst Gott und Demut missachtet, bekämpft,
verhöhnt wurden und dann die Menschen mit Füßen ge-
treten. Die vom Nationalsozialismus massenhaft in Ver-
brechen verstrickten Mitläufer füllten wieder die Kirchen,
es war gewiss Scham dabei, aber auch eine Ahnung, auf
welchem Fundament die künftige Demokratie würde ru-
hen müssen.

Diese Zeit des Übergangs in die westliche Demokratie ist vergangen. Wir sind angekommen. Wenn sich heute
Künstler die Freiheit nehmen, große Symbole des Glaubens zu Zielscheiben des Spottes zu machen, wollen auch
Richter kein Zensor der Kunstfreiheit sein. Mehr noch:
Der demokratische Rechtsstaat wird mit aller Konsequenz
gegen diejenigen vorgehen, die den provozierten Glauben zur Gewalt missbrauchen wollen, die aus der Verlet-
zung religiösen Empfindens ihr schmutziges Geschäft des
politischen Terrorismus befeuern wollen. Nur in einer ru-
higen Stunde danach sollte aber auch der leise sittliche

Diskurs beginnen, wie viel antireligiösen Affekt sich eine freie Gesellschaft leisten will und wie viele auf falsch verstandene Aufklärung gestützte Ressentiments gegen Glauben und Religion. Artikel 4 des Grundgesetzes schützt auch die negative Religionsfreiheit und auch die Weltanschauung des Agnostikers. Aber die provokante Herausforderung der einen Sphäre durch die andere hatten wir eigentlich schon überwunden, und zwar in unserer Idee des vernünftigen Gebrauchs der Freiheit und durch die Einübung von Toleranz[33].

VIII. Vernunft, Aufklärung, Religion

»Der Jurist weiß, dass das Recht nicht nur eine Summe von Ordnungsvorschriften ist. Es ist vor allem ein ethisches Minimum. Außerdem aber gibt es auch ein religiöses Minimum, auf das kein Staat ohne Gefahr seiner Existenz verzichten darf«[34]. Mit dieser Einsicht des Patrioten und Verfassungsrichters *Fabian von Schlabrendorff* wird die Frage des Themas beantwortbar. Das Grundgesetz verfasst eine freiheitliche, demokratische und säkulare Gesellschaft, aber es kennt die Quellen und die Grenzen des menschlichen Verstandes und seiner kühnen Artefakte. Vernunft, Aufklärung und Religion bilden einen Dreiklang ohne den keine Harmonie im demokratischen Verfassungsstaat gelingen kann. Das heißt keineswegs, dass humanistischer Geist ohne Glauben an überirdische Mächte nicht genauso zur sittlichen Freiheit fähig wäre, wie der religiöse Mensch. Agnostik, Atheismus und negative Religionsfreiheit werden von Artikel 4 des Grundgesetzes ebenfalls geschützt. So wie nicht jeder Bürger in einer politischen Partei oder einer Gewerkschaft Mitglied sein muss und doch den Wert solcher Einrichtungen bejahen wird, so geht es auch hier um die Achtung eines besonderen Zugangs zur Welt, wenn dieser Zugang seinerseits den Anderen, auch den Nicht- und Andersgläubigen als Person in seiner Würde achtet. Religion und Kirchen, die aus den ko-evolutionär verschränkten Quellen neuzeitlicher Humanität und Säkularität schöpfen, Glaubensbekenntnisse und Religionen, die sich neu auf dieses Fundament stellen und in dieser Rechtsordnung einen legitimen Rahmen für den eigenen Glauben und in der Achtung des Anderen sehen, sind unentbehrlich für die lebendige Demokratie. Schwinden die bestehenden religiösen Kräfte, so wird die Demokratie sich in Bürokratie und paternalistische Sozialtechnologie verwandeln. Behaupten und entfalten sie sich aber, so wird der sich selbst entwerfende, aber seine Grenzen und seine Verantwortung kennende Bürger wieder stärker zurück in die Mitte einer sittlichen Welt rücken.

Anmerkungen

Vorwort

1 *Jürgen Habermas*, Ein Bewusstsein von dem, was fehlt, in: Neue
Züricher Zeitung vom 10. Februar 2007.

A.
Gewissen, Glaube, Religion:
Wandelt sich die Religionsfreiheit?

1 Berliner Rede zur Religionspolitik, gehalten am 11. Dezember 2007 in der Humboldt-Universität Berlin.
2 Der fehlende Regelungs- und Ausgestaltungsvorbehalt für
den Gesetzgeber bekräftigt diesen ersten Eindruck des Wort-
lautes, siehe dazu bereits BVerfGE 12, 45 (53 f.); *Roman Herzog*,
in: Maunz/Dürig, Grundgesetz Kommentar, Loseblatt, München, Stand Dezember 2007, Art. 4 Rdnr. 11.
3 *Martin Heckel*, Vom Religionskonflikt zur Ausgleichsordnung,
München 2007, S. 13.
4 *Wolfgang Huber*, Gerechtigkeit und Recht, 3. Aufl., Gütersloh
2006, S. 480.
5 Siehe zu diesem Thema etwa *Eberhard Schockenhoff*: Wie gewiss ist das Gewissen? Eine ethische Orientierung, Freiburg
2003.
6 *Martin Luther*, Über die Grenzen der weltlichen Obrigkeit,
Band 4 der Calwer Luther-Ausgabe, München 1965, S. 15 ff.
7 Siehe als Beispiel BVerfGE 23, 127 (134).
8 BVerwG, NJW 2006, 77 ff.
9 Siehe nur etwa *Juliane Kokott*, in: Sachs, Grundgesetz Kommentar, 4. Aufl., München 2007, Art. 4 Rdnrn. 89 f.

10 *Thomas von Aquin*, Summe der Theologie, Zweiter Band, Die Sittliche Weltordnung, 96. Untersuchung, 6. Artikel. Siehe zum Problem aus der Perspektive der heutigen Wahrnehmung ferner *Jörg von Uthmann*, Attentat – Mord mit gutem Gewissen, Berlin 1996.

11 BVerwGE 94, 82 ff.

12 BVerfGE 108, 282 ff.

13 BVerfGE 104, 337 ff.

14 Die negative Religionsfreiheit als Abwehrrecht gegen staatliche Glaubenszumutungen wird mitunter als der eigentliche Kern des Grundrechts der Glaubensfreiheit angesehen, siehe *Paul Mikat*, in: Benda (Hrsg.), Handbuch des Verfassungsrechts der Bundesrepublik Deutschland, 2. Aufl., Berlin 1994, § 29 Rdnr. 15.

15 BVerfGE 32, 98 (106); siehe auch BVerfGE 24, 236 (247); 33, 23 (28); 78, 391 (395).

16 *Karl-Hermann Kästner*, Hypertrophie des Grundrechts auf Religionsfreiheit?, JZ 1998, 974 (982). Zum Streitstand *Christian Waldhoff*, Die Zukunft des Staatskirchenrechts, in: Marré/Stüting (Hrsg.), Essener Gespräche zum Thema Staat und Kirche, 42. Band, Münster 2008, S. 55 (S. 72 ff.)

17 Der beklagte »Grundrechtssubjektivismus« (*Waldhoff*, a.a.O. S. 72) ist allerdings kein Alleinstellungsmerkmal der Religionsfreiheit, bei der Kunstfreiheit ist es kaum anders.

18 So aber *Christoph Möllers* in seiner Kritik an der »Homeschooling«-Entscheidung des BVerfG vom 31. Mai 2006 (2 BVR 1693/04), FAZ v. 31. Juli 2006, S. 31.

19 BVerfG-K 8, 151.

20 *Konrad Hesse*, Grundzüge des Verfassungsrecht der Bundesrepublik Deutschland, 20. Aufl., München 1999, Rdnr. 317 ff.

21 BVerfGE 108, 282 ff.

22 *Udo Di Fabio*, Zur Theorie eines grundrechtlichen Wertesystems, in: Merten/Papier, Handbuch der Grundrechte in Deutschland und Europa, Bd. II, Heidelberg 2006, § 46.

23 Siehe etwa *Stefan Huster*, Die Bedeutung des Neutralitätsge-

bots für die verfassungstheoretische und verfassungsrechtliche Einordnung des Religionsrechts, in: Heinig/Walter,
Staatskirchenrecht oder Religionsverfassungsrecht?, Tübingen 2007, S. 107 ff.

24 *Paul Kirchhof*, Die Freiheit der Religionen und ihr unterschied-
licher Beitrag zu einem freien Gemeinwesen, in: Kämper/
Thönnes (Hrsg.), Essener Gespräche zum Thema Staat und
Kirche, Band 39, Münster 2005, S. 105 ff.

25 Dazu näher *Frank Stollmann*, Der Sonn- und Feiertagsschutz
nach dem Grundgesetz, Stuttgart 2004.

26 Abgedruckt in diesem Band unter C., redigierter Nach-
druck von *Udo Di Fabio*, in: Marré/Stüting (Hrsg.), Essener
Gespräche zum Thema Staat und Kirche, 42. Band, Münster
2008, S. 129 ff.

27 *Eberhard Jüngel*, Religion, Zivilreligion und christlicher Glaube.
Das Christentum in einer pluralistischen Gesellschaft, in:
Kämper/Thönnes (Hrsg.), Essener Gespräche zum Thema
Staat und Kirche, Band 39, Münster 2005, S. 53 (65).

28 In diese Richtung *Arnd Uhle*, Freiheitlicher Verfassungsstaat
und kulturelle Identität, Tübingen 2004, S. 468 f.

29 Siehe dazu den Beitrag von *Paul Kirchhof*, Die Freiheit der Religionen und ihr unterschiedlicher Beitrag zu einem freien
Gemeinwesen, in: Kämper/Thönnes (Hrsg.), Essener Gespräche zum Thema Staat und Kirche, Band 39, Münster
2005, S. 105 ff.

30 BayVerfGH vom 15. Januar 2007, -Vf. 11-VII-05 -, S. 17 des
Umdrucks. Siehe auch HessStGH, Urt. v. 10. Dezember 2007,
NVwZ 2008, 199.

31 *Eberhard Jüngel*, Religion, Zivilreligion und christlicher Glaube.
Das Christentum in einer pluralistischen Gesellschaft, in:
Kämper/Thönnes (Hrsg.), Essener Gespräche zum Thema
Staat und Kirche, Band 39, Münster 2005, S. 53 (65).

B.
Relativismus und Toleranz in »postsäkularer« Zeit

1 Vortrag vor dem Collegium Albertinum in Bonn am 11. November 2007.

2 Jürgen Habermas, Religiöse Toleranz als Schrittmacher kultureller Rechte, in: ders., Zwischen Naturalismus und Religion, Frankfurt a.M. 2005, S. 258 ff.

3 Baruch Spinoza, Tractatus Theologico-politicus, 1670.

4 John Locke, Letter concerning Toleration, 1690.

5 S. Dunant (Hrsg.), The War of the Words: The Political Correctness Debate, London 1994.

6 Niklas Luhmann, Beobachtungen der Moderne, Opladen 1992, S. 72.

7 Vgl. insoweit Klaus Schlaich, Gesammelte Aufsätze, Tübingen 1997, S. 227.

8 Joseph Ratzinger, Europa in der Krise der Kulturen, in: Pera/Ratzinger, Ohne Wurzeln. Der Relativismus und die Krise der europäischen Kultur, Augsburg 2005, S. 69 f.

9 Lothar Häberle, Anker gegen den Relativismus, Communio 36 (2007), 586 (593).

10 Peter Steinacker, Der Absolutheitsanspruch des einen Gottes: Die monotheistischen Religionen Judentum, Christentum, Islam in der pluralistischen Welt der Moderne, in: ders., Absolutheitsanspruch und Toleranz, Frankfurt a.M. 2006, S. 19 ff.

11 Vgl. dazu auch Jürgen Habermas, Der philosophische Diskurs der Moderne, Frankfurt a.M. 1988, S. 105 ff.

12 Das 1870/71 gegründete Reich verstand sich als staatgewordener Fortschritt gegen »Ultramontanismus« und »Romanismus«, Peter Walkenhorst, Nationalismus als »politische Religion«? Zur religiösen Dimension nationalistischer Ideologie im Kaiserreich, in: Blaschke/Kuhlemann (Hrsg.), Religion im Kaiserreich: Milieus – Mentalitäten – Krisen, Gütersloh 1996, S. 503 (518 f.).

13 *Peter L. Berger*, Between Relativism and Fundamentalism, in: The American Interest Vol. II Nr. 1, Autumn 2006, 9 (12).

14 *Jürgen Habermas*, Glauben und Wissen. Friedenspreis des Deutschen Buchhandels 2001, Frankfurt a. M. 2002.

15 *Jürgen Habermas*, Glauben und Wissen. Friedenspreis des Deutschen Buchhandels 2001, Frankfurt a. M. 2002.

16 *Joseph Ratzinger*, Europa in der Krise der Kulturen, in: *Pera/Ratzinger*, Ohne Wurzeln. Der Relativismus und die Krise der europäischen Kultur, Augsburg 2005, S. 74 f.

17 *Jürgen Habermas/Joseph Ratzinger*, Dialektik der Säkularisierung: Über Vernunft und Religion, Freiburg 2005.

18 *Niklas Luhmann*, Die Gesellschaft der Gesellschaft, Frankfurt a. M. 1997, S. 766.

19 Damit wird die deontische und konstruktivistische Perspektive des 20. Jahrhunderts aufgenommen. Zum Reflexionsbegriff in der Philosophie: *Harald Wohlrapp*, Der Begriff des Arguments, Würzburg 2008, S. 445 ff.; zum Konzept der reflektierten Autologie in Luhmanns soziologischer Systemtheorie: *Niklas Luhmann*, Die Gesellschaft der Gesellschaft, Frankfurt a. M. 1997, S. 1128 ff.

20 Zur mehr an der Oberfläche bleibenden Idee einer zweiten Aufklärung vgl. *Neil Postman*, Building a Bridge to the Eighteenth Century, 1999, der Titel ins Deutsche übersetzt als »Die zweite Aufklärung«. Dabei referiert Postman Siegmund Freud mit der »erwachsen gewordenen Menschheit«, a. a. O., S. 138.

21 Furcht ist für *Thomas von Aquin* nur als übermäßige schädlich, die mäßige Furcht lässt den Rat suchen und ist insofern nützlich, siehe ders., Summe der Theologie, herausgegeben von Joseph Bernhart, 3. Aufl., Bd. 2, Stuttgart 1985, Die sittliche Weltordnung, 44. Untersuchung.

22 Erg. d. Verf.

23 *Giovanni Pico della Mirandola*, Oratio de hominis dignitate. Über die Würde des Menschen (lat.-deutsch), Hamburg 1990, S. 5 f.

24 *Jacob Burckhardt*, Die Kultur der Renaissance in Italien, Stuttgart 1985 (Neudruck der Urausgabe von 1860), S. 243.

25 Das schließt natürlich nicht aus, in der konkreten Rechtsanwendung einen Freiheitsanspruch gegenüber sozialpolitischen Gleichheitszielen zurücktreten zu lassen. Gemeint ist hier nur die als Prämisse gesetzte Grundidee vom Menschen und der um ihn herum gebauten sozialen Ordnung. Rechts- und Gerechtigkeitsfragen sind damit für den Einzelfall gerade nicht vorentschieden.

26 Siehe dazu *Udo Di Fabio*, Menschenrechte in unterschiedlichen Kulturräumen, in: Nooke/Lohmann/Wahlers (Hrsg.), Gelten Menschenrechte universal?, Freiburg 2008, S. 63 ff.

27 Ähnlich *Klaus Stern*, Die Idee der Menschen- und Grundrechte, in: Merten/Papier (Hrsg.), Handbuch der Grundrechte in Deutschland und Europa, Bd. I, Heidelberg 2004, § 1 Rdnr. 85.

28 Vor dieser Anmaßung warnte bereits *Thomas von Aquin*, Summe der Theologie, s. o., Die sittliche Weltordnung, 5. Untersuchung, 6. Artikel: Was über die Natur hinausliegt, geschieht unmittelbar durch Gott. Deutlich auch *Niklas Luhmann*, Beobachtungen der Moderne, Opladen 1992, S. 72.

29 Dabei sollte die Gesellschaft der Gegenwart nicht hinter das zurückfallen, was *Thomas von Aquin* in seiner Summe der Theologie über die Freiheit des Willens sagte, wonach der Mensch sich durch Vernunft dazu bestimmt, dies oder jenes zu wollen, was wahrhaft oder anscheinend gut ist, aber da ist noch etwas anderes, was den Willen mitbewegt, für Thomas von Aquin ist es göttliche Gnade. *Thomas von Aquin*, Summe der Theologie, s. o., Die sittliche Weltordnung, 9. Untersuchung, 6. Artikel.

C.
Grundrechte in »multikulturellen« Gesellschaften

1 Vortrag auf Einladung der Genootschap Nederland Duitsland in der Residenz des Deutschen Botschafters in Den Haag am 26. Juni 2008.

2 *Hans Hugo Klein*, Grundrechte am Beginn des 21. Jahrhunderts, in: Merten/Papier (Hg.), Handbuch der Grundrechte Bd. I, 2004, § 6 Rdnr. 1; *Herbert Bethge*, Aktuelle Probleme der Grundrechtsdogmatik, Der Staat 24 (1985), S. 351.

3 Man spricht insoweit von der Wiedergeburt grundrechtlichen Denkens: *Eckart Klein*, Von der Spaltung zur Einigung Europas, in: Merten/Papier (Hg.), Handbuch der Grundrechte, Bd. I, 2004, § 5 Rdnr. 8.

4 BVerfGE 7, 198 (208); 57, 295 (319 f.); 74, 297 (323); 83, 238 (295 f.).

5 Anderes gilt, wenn die Garantenstellung des Ehemanns zusammenwirkt mit der Entschließungsfreiheit der insoweit ebenfalls glaubensgeleiteten Ehefrau: BVerfGE 32, 98 (109 f.).

6 Vgl. *Fritz Ossenbühl*, Vorrang und Vorbehalt des Gesetzes, in: Isensee/Kirchhof (Hrsg.), Handbuch des Staatsrechts, 3. Aufl., Bd. III, 2005, § 62 Rdnr. 16.

7 BVerfGE 93, 1 ff.

8 BVerfGE 6, 389 ff. zur Verfassungsmäßigkeit des § 175 StGB a.F.

9 BVerfGE 68, 1 ff.

10 BVerfGE 49, 89 ff.

11 BVerfGE 50, 290.

12 Der Begriff geht zurück auf *Dolf Sternberger*, Verfassungspatriotismus, 1990; zum neueren etwas zurückgenommenen Verständnis *Udo Di Fabio*, Das Parlament Nr. 42, 2006.

13 Vgl. BVerwG, NVwZ 1994, S. 578 (579 f).

14 Siehe zuletzt VG Düsseldorf, Urteil vom 7.5.2008, Az. 18 K 301/08.

15 BVerfGE 104, 337 ff.

16 BVerfGE 108, 282 ff.

17 Vgl. überwiegend anders noch Merten (Hg.), Das besondere Gewaltverhältnis, 1985.

18 Zur Vorstellung eines Kraft Verfassungsrechts geltenden Wertesystems: *Udo Di Fabio*, Zur Theorie eines grundrechtlichen Wertesystems, in: Merten/Papier (Hg.) Handbuch der Grundrechte, Bd. II, 2006, § 46.

19 Vgl. etwa *Heiner Bielefeldt*, Menschenrechte in der Einwanderungsgesellschaft. Plädoyer für einen aufgeklärten Multikulturalismus, 2007.

20 *Daniel Cohn-Bendit*, Heimat Babylon - Das Wagnis der multikulturellen Demokratie, 2001.

21 So etwa *Stefan Luft*, Abschied von Multikulti. Wege aus der Integrationskrise, 2006.

22 Vgl. § 6 EGBGB; vgl. zu den speziellen Problemen etwa *Peter Scholz*, Erbrecht der maghrebinischen Staaten und deutscher ordre public, 2006.

23 *Tanja Barton*, Der »Ordre public« als Grenze der Biopatentierung, 2004.

24 BGH StV 2001, 228; BGH NStZ 2006, 286 ff.; Kay *Nehm*, in: Festschrift für Eser, 2005, 419 ff.; *Wilfried Küper*, JZ 2006, 608 ff.; siehe auch VG Wiesbaden, Beschluss vom 28.1.2008 – 4 G 1417/07 – vgl. zum Ganzen auch *Gerhard Czermak*, Religions- und Weltanschauungsrecht, 2008, § 19.

25 § 240 StGB.

26 Siehe etwa oben B. IV.

27 BVerfGE 45, 187 ff.

28 BVerfGE 109, 190 ff.

29 Siehe den Vorschlag der Kommission (KOM 2004, 693 endg.) und die daraufhin erlassene Verordnung (EG) Nr. 168/2007 des Rates vom 15. Februar 2007 und die Kritik des Bundesrates an diesem politischen Ansatz: BR-Drs. 518/2/05.

30 Vgl. *Udo Di Fabio*, Sicherheit in Freiheit, NJW 2008, 421 ff.

31 *Jürgen Habermas*, Theorie des kommunikativen Handelns, 1981.

D.
Staat und Kirche: Christentum und Rechtskultur als Grundlage des Staatskirchenrechts

1 Vortrag vom 12. März 2007 anlässlich der 42. Essener Gespräche zum Thema Staat und Kirche, in: Marré/Stüting (Hrsg.), Essener Gespräche zum Thema Staat und Kirche, 42. Band, Münster 2008, S. 129 ff. Die vorliegend abgedruckte Fassung ist geringfügig überarbeitet.

2 So die nach wie vor bemerkenswerte Ableitung von *Harold Joseph Berman*, Recht und Revolution. Die Bildung der westlichen Rechtstradition, Frankfurt a.M. 1995.

3 Nach *Martin Heckel* lässt sich eine beachtenswerte Interdependenz zwischen Reichsreform und Reformation feststellen, so bot die ständische Reichsreform der Reformation den Schutz der reichsständischen Liberalität der deutschen Fürsten gegen den katholischen Kaiser, freilich um den Preis der territorialen Zersplitterung. *Martin Heckel*, Deutschland im konfessionellen Zeitalter, Göttingen 1983, S. 114.

4 Kämper/Thönnes (Hrsg.), Essener Gespräche zum Thema Staat und Kirche, 39. Band, Münster 2005, S. 6.

5 »[...] das Grundgesetz beließ es bei der traditionellen Sonderrolle von Religion und Kirche, wenngleich – wie schon in der Weimarer Reichsverfassung – in einem religiös und weltanschaulich »neutralen« Staat. Wie sich dies vereinbaren lässt, ist allerdings das bis heute nur zum Teil gelöste verfassungsrechtliche Rätsel.« *Peter Badura*, Das Grundgesetz vor der Frage des religiösen und weltanschaulichen Pluralismus, in: Baadet/Rauscher (Hrsg.), Religion, Recht und Politik, Graz 1997, S. 39 ff. (41).

6 Siehe dazu *Oswald von Nell-Breuning SJ*, Gerechtigkeit und Freiheit. Grundzüge der katholischen Soziallehre, Wien 1980, S. 255. Dieses Leitbild der »mittelalterlichen Einheit« war freilich eine Vorstellung von dauerhafter Strahlkraft, auch

wenn Nietzsche davon überzeugt war, dass jede vermeintliche »Einheit« oder »Ordnung« tatsächlich nur das Produkt von Herrschaft und Macht sein könne und keinesfalls ein Indikator einer inhärenten Systemrationalität.

7 Der große Konflikt zwischen Kaiser und Papst war ein Streit über divergierende Amtsverständnisse innerhalb der einen »res publica christiana«, *Otto Depenheuer*, Religion als ethische Reserve der säkularen Gesellschaft, in: Depenheuer u.a. (Hrsg.), Nomos und Ethos, Hommage an Josef Isensee zum 65. Geburtstag von seinen Schülern, Berlin 2002, S. 3 ff. (11).

8 *Martin Heckel* beschreibt die transzendente Bindung der Staatsgewalt zur Durchsetzung des Dekalogs und den sittlich gebotenen Schutz der wahren Kirche als ein Axiom des »Konstantinischen Systems« – die irdischen Regimenter dienten dem Vollzug des göttlichen Gesetzes als Erhaltungsordnung für die Erlösungsordnung. *Martin Heckel*, Deutschland im konfessionellen Zeitalter, Göttingen 1983, S. 114.

9 *Carl Andresen / Adolf Martin Ritter*, Geschichte des Christentums I / 2, Stuttgart 1995, S. 63.

10 *Martin Heckel*, Deutschland im konfessionellen Zeitalter, Göttingen 1983, S. 228.

11 *Martin Heckel*, Gesammelte Schriften: Schlaich/Heckel (Hrsg.), Staat, Kirche, Recht, Geschichte, Tübingen 2004, S. 212.

12 »Die Einheit, Wahrheit, Einzigkeit und Ausschließlichkeit der universalen christlichen Verkündigung wurde nun [...] von allen, den großen wie den kleinen Kirchentümern in voller Absolutheitsbehauptung jeweils für sich beansprucht«, so beschreibt Heckel die intellektuelle Zumutung des Konfessionskampfes, die insbesondere nach der Etablierung der durchorganisierten Bekenntniskirchen, Bekenntnisstaaten und Bekenntnisbünde zu Tage trete, in: *Martin Heckel*, Deutschland im konfessionellen Zeitalter, Göttingen 1983, S. 227.

13 *Ernst-Wolfgang Böckenförde*, Staat – Gesellschaft – Kirche, in: Böckle/Kaufmann/Rahner (Hrsg.), Enzyklopädische Biblio

thek, Bd. 15, Christlicher Glaube in moderner Gesellschaft, Freiburg 1982, S. 23.

14 *Martin Heckel*, Deutschland im konfessionellen Zeitalter, Göttingen 1983, S. 230.

15 »Das Christentum ist zwar nicht von Europa ausgegangen, und es ist daher auch nicht einfach als eine europäische Religion, die Religion dieses Kulturkreises einzustufen. Aber es hat in Europa seine am meisten geschichtswirksame kulturelle und intellektuelle Ausprägung gefunden und bleibt insofern auf eine einzigartige Weise mit Europa verflochten.« *Joseph Ratzinger*, Europa in der Krise der Kulturen, in: *Pera/Ratzinger*, Ohne Wurzeln. Der Relativismus und die Krise der europäischen Kultur, Augsburg 2005, S. 62 ff. (65 f.).

16 Dazu näher die Enzyklika DEUS CARITAS EST von *Papst Benedikt XVI.*, gegeben am 25. Dezember 2005. Libreria Editrice Vaticana, Verlautbarungen des Apostolischen Stuhls, Nr. 171, hrsg. vom Sekretariat der deutschen Bischofskonferenz, Bonn 2006.

17 *Joseph Ratzinger*, in: *Pera/Ratzinger*, Ohne Wurzeln. Der Relativismus und die Krise der europäischen Kultur, Augsburg 2005, S.78 f.

18 Siehe entsprechende Hinweise schon bei *Christian Starck*, »Das Christentum und die Kirchen in ihrer Bedeutung für die Identität der Europäischen Union und ihrer Mitgliedstaaten«, in: Marré/Stüting (Hrsg.), Essener Gespräche zum Thema Staat und Kirche, 31. Band, Münster 1997, S. 8 f. und *Wolfgang Huber*, Rechtfertigung und Recht. Über die Wurzeln der europäischen Rechtskultur, Münster 2001.

19 Ausdrücklich *Harold Joseph Berman*, Recht und Revolution. Die Bildung der westlichen Rechtstradition, Frankfurt a.M. 1995, S. 19.

20 *Harold Joseph Berman*, Recht und Revolution. Die Bildung der westlichen Rechtstradition, Frankfurt a.M. 1995, S. 149 ff.

21 Zur päpstlichen Regierung mit Legaten, Beauftragten und Untergebenen: *Harold Joseph Berman*, Recht und Revolution. Die

Bildung der westlichen Rechtstradition, Frankfurt a.M. 1995, S. 347.

22 *Harold Joseph Berman*, Recht und Revolution. Die Bildung der westlichen Rechtstradition, Frankfurt a.M. 1995, S. 337 ff.

23 *Harold Joseph Berman*, Recht und Revolution. Die Bildung der westlichen Rechtstradition, Frankfurt a.M. 1995, S. 341. Auch für die weitaus spätere Reformationsbewegung war die Nutzung von Schriftmedien ein entscheidender Baustein des Erfolgs. So konnten nach *Hans-Christof Rublack* »[...] die Druckschriften [...] die Meinungsführer erfassen, die literaten Städter, auch die leicht zu mobilisierenden Studenten und die niederen Kleriker, die Ideen an illiterate Stadtbewohner und Bauern weitergeben konnten. *Luther* durchstieß die Schranken akademischer lateinischer Publizistik und nutzte wie seine Anhänger ein differenziertes Medienspektrum.« *Hans-Christoph Rublack*, »Gesellschaft und Christentum«, in: Müller (Hrsg.), Theologische Realenzyklopädie, 13. Band, Gesellschaft und Christentum, Berlin 1984, S. 1 ff. (5).

24 *Harold Joseph Berman*, Recht und Revolution. Die Bildung der westlichen Rechtstradition, Frankfurt a.M. 1995, S. 364 f.

25 Darüber hinaus ist zu berücksichtigen, dass sich neben den formal ordnenden Prinzipien des kanonischen Rechts der Katholiken und den Kirchenordnungen der Protestanten auch die kirchlichen Soziallehren etablierten, die das Handeln in der Gesellschaft selbst normierten, formten und in Wechselwirkung zu staatlichen Entfaltungen standen, so *Hans-Christoph Rublack*, Gesellschaft und Christentum, in: Müller (Hrsg.), Theologische Realenzyklopädie, 13. Band, Gesellschaft und Christentum, Berlin 1984, S. 13 ff.

26 *Paolo Prodi*, Eine Geschichte der Gerechtigkeit. Vom Recht Gottes zum modernen Rechtsstaat, München 2003.

27 *Harold Joseph Berman*, Recht und Revolution. Die Bildung der westlichen Rechtstradition, Frankfurt a.M. 1995, S. 372 f.

28 *Harold Joseph Berman*, Recht und Revolution, Die Bildung der westlichen Rechtstradition, Frankfurt a.M. 1995, S. 398.

29 Der Anteil der großen oberitalienischen Handelsstädte mit ihrem Bürgertum, ihren Potentialen, ihren Wirtschafts- und Verkehrsinteressen wird wohl doch deutlich unterschätzt.

30 Vgl. dazu auch *Friedrich von Halem/Leonid Luks*, Recht oder Gerechtigkeit?, Köln 2004.

31 *Paolo Prodi*, Eine Geschichte der Gerechtigkeit, München 2003, S. 115 f.

32 *Paolo Prodi*, Eine Geschichte der Gerechtigkeit, München 2003, S. 116 f.

33 *Leonardus Aretinus*, Isagogicon moralis disciplinae (Leonardo Bruni, Humanistische Transformation des Aristoteles), in: Ebbersmeyer/Kessler/Schmeisser, Ethik des Nützlichen. Texte zur Moralphilosophie im italienischen Humanismus, 2007, S. 112 ff.

34 Siehe dazu auch *Eberhardt Jüngel*, Zur Verankerung der Menschenrechte im christlichen Glauben, in: Nooke/Lohmann/Wahlers (Hrsg.), Gelten Menschenrechte universal?, Freiburg 2008, S. 166 ff.

35 »(Das Christentum) hat immer alle Menschen, alle Menschen ohne Unterschied, als Geschöpfe Gottes und Bilder Gottes erklärt und damit grundsätzlich – wenn auch in den Grenzen der unüberspringbaren Sozialordnungen – die gleiche Würde aller Menschen proklamiert.« *Joseph Ratzinger*, in: *Pera/Ratzinger*, Ohne Wurzeln. Der Relativismus und die Krise der europäischen Kultur, Augsburg 2005, S. 79.

36 Siehe oben B. VI.

37 *Wolfgang Huber*, Rechtfertigung und Recht. Über die Wurzeln der europäischen Rechtskultur, Münster 2001, S. 13.

38 Zur Ausdifferenzierung von Funktionssystemen: *Niklas Luhmann*, Die Gesellschaft der Gesellschaft, 2. Band, Frankfurt a.M. 1997, S. 707 ff.

39 *Friedrich Schleiermacher*, Über die Religion, Hamburg 1958, S. 97 ff.; *Alexander Hollerbach*, Die Kirchen als Körperschaften

des öffentlichen Rechts, in: Krautscheidt/Marré (Hrsg.),
Essener Gespräche zum Thema Staat und Kirche, 1. Band,
Münster 1969, S. 46 ff. (48).

40 NT, Mk 12,13–17. Hierzu bemerkt *Joachim Gnilka*, dass die
Perikope stilistisch als traditionelles rabbinisches Lehrge-
spräch ausgeformt ist: Frage, Gegenfrage und Demons-
tration mit abschließender Antwort haben apophthegma-
tischen Charakter. Trotz aller Klarheit im Aufbau scheint
dieses – vielen als authentisch geltende – Jesuswort eine
der durch die Jahrhunderte am heftigsten diskutierte Stelle
des NT, ein spannungsreicher Bogen reicht hier von der
Interpretation Jesu als revolutionärem Zeloten bis hin zur
Deutung Jesu als Proklamator einer gottgewollten Staatsau-
torität; schon *Justin* (ca. 165 n. Chr.) begreift das Logion als
Einforderung vorbehaltloser Pflichterfüllung gegen staatliche Gewalt, *Calvin* verstärkt die Sicht zugunsten der staatlichen Autorität, wenn er sagt: »Wer die staatliche Ordnung
umstürzen will, ist auch Anführer gegen Gott, [...]«, eine
Perspektive, die schließlich im Gottesgnadentum fürstli-
cher Gewalt kulminiert. Nach gegenwärtiger Lesart wird
hier von Jesus – in einer spezifisch feindseligen Situation –
die Steuer bejaht und die kaiserliche Autorität anerkannt,
das Nebeneinander von »Kaiser« und »Gott« ist aber nicht
als Balance aufzufassen, vielmehr erfährt das Recht des Kaisers dort seine Grenze, wo die göttliche Autorität beginnt,
die Betonung liegt somit auf Gott, dem jeder hörig zu sein
hat und Gott hat stets die höheren Ansprüche; wo impe-
riale Macht und göttlicher Anspruch sich kreuzen, kann
in dieser Sicht die Entscheidung nur zugunsten Gottes ge-
troffen werden. *Joachim Gnilka*, Das Evangelium nach Markus
(Mk 8,27 –16,20), in: Blank u.a. (Hrsg.), Evangelisch-Ka-
tholischer-Kommentar zum NT, 2. Teilband, Zürich 1979,
S. 150–157. Siehe dazu auch näher *Wolfgang Schrage*, Die
Christen und der Staat nach dem neuen Testament, Gütersloh 1971, S. 29 ff.

41 *Paolo Prodi*, Eine Geschichte der Gerechtigkeit. Vom Recht Gottes zum modernen Rechtsstaat, München 2003, S. 119.

42 AT, Psalm 105, 43.

43 Siehe auch *Martin Luther*, Die sieben Kennzeichen der Kirche, in: Bezzenberger, Freiheit und Bindung. Vier Schriften Martin Luthers, 1996, S. 113.

44 Ohne Ansehen der Person geht auf AT, Dtn 1,17 zurück: »Schaut im Gericht nicht auf die Person. Hört den Geringen an wie den Vornehmen! Vor keinem dürft ihr euch scheuen, denn das Gericht ist Gottes. Ist euch aber eine Sache zu schwer, so bringt sie zu mir, dass ich sie höre.« Die Bibelstelle beschreibt das Ereignis in der Geschichte des Volkes Israel, als Moses die just von ihm berufenen Richter ermahnt, die ihn von der schweren Bürde seines Richteramtes etwas entlasten sollen. Moses wendet sich hier dezidiert gegen parteiliche Rechtsprechung oder Begünstigung, und zwar nicht aus einem moralischen Impetus heraus, sondern unter Berufung auf Gott selbst, als Richter in letzter Instanz. *Helmut Lamparter*, Der Aufruf zum Gehorsam: Das 5. Buch Mose, Stuttgart 1977, S. 26. Und auf NT 1. Petrus 1,17: »Und wenn ihr den als Vater anruft, der jeden ohne Ansehen der Person nach seinem Tun beurteilt, dann führt auch, solange ihr in der Fremde seid, ein Leben in Gottesfurcht.« Vgl. auch *Norbert Brox*, Der erste Petrusbrief, in: Brox u.a. (Hrsg.), Evangelisch-Katholischer Kommentar zum NT, 21. Band, 4. Aufl., Zürich 1993, S. 79 f.

45 Friedensgebot (Pax tecum! Pax vobiscum!) NT Lk 24,36. Wird auch als liturgischer Gruß während jeder katholischen Messfeier verwendet, entspricht dem Gruß, den Jesus nach seiner Auferstehung an die Jünger richtete.

46 NT 2. Tessalonischer 3,10: »Denn auch als wir bei euch waren, haben wir euch dies befohlen, dass einer, der nicht arbeiten will, auch nicht essen soll.« In dieser viel zitierten Bibelstelle wendet sich Paulus autoritativ gegen den Misstand des »faulen Lebenswandels«, gegen Gemeindemitglieder,

die nicht von ihrer Hände Arbeit leben, sondern »Unnützes« treiben. Mit diesen Gemeindemitgliedern soll der Verkehr strikt abgebrochen werden. Durch eine gespannte Parusieerwartung kommt es in der Gemeinde zu eschatologisch motivierten Arbeitsniederlegungen, Paulus greift hier keine sittliche Verfehlung oder Irrlehren an, sondern schlicht die Arbeitsscheu bzw. den mangelnden Arbeitsethos. Dies ist eine entscheidende Klarstellung, denn mit dem gr. »thelein« meint Paulus den Willen zur Arbeit, erzwungene Arbeitslosigkeit oder Arbeitsunfähigkeit sind also keinesfalls mitgedacht. Dieses Pauluswort hat – als verpflichtendes Traditionsgut – seit der Väterzeit über das Mittelalter bis in die neuzeitliche christliche Sozialethik seine Spuren hinterlassen, am augenfälligsten sind hier das katholisch-benediktinische »Ora et labora!« oder die protestantisch-calvinistische Prädestinationslehre, Erfolg durch harte Arbeit ist ein Zeichen der persönlichen Erwähltheit. Paulus verlangt hier ein striktes und ausgrenzendes Vorgehen, aber er verlangt dieses Verhalten nicht gegenüber einem Schutzbedürftigen oder Schwachen, dem der Christ zu Solidarität und Unterstützung verpflichtet wäre, sondern er verlangt es gegenüber einem, der aus freiem Willen das »Unnütze« gewählt hat. Freilich geht er nicht so weit, den Arbeitsscheuen aus der Gemeinschaft auszuschließen, also zu exkommunizieren.

47 Ludwig Richter, Kirche und Schule in den Beratungen der Weimarer Nationalversammlung, Düsseldorf 1996, S. 248. Doch auch die Bundesrepublik Deutschland bekennt sich in der in der Verfassungspräambel festgeschriebenen »Invokatio-Dei-Formel« zu ihrer christlichen Grundlage. Nach einer Untersuchung von Burkhard van Schewick hat die katholische Kirche während der Arbeiten des Parlamentarischen Rates einen beachtlichen Einfluss auf die Verfassungsgestaltung genommen und mit den Abgeordneten des Zentrums, der CDU/CSU und der DP gegen die FDP, vor allem gegen Kommunisten, aber auch Sozialdemokraten eigene Modelle durchgesetzt.

Insbesondere *Joseph Kardinal Frings* und sein Beauftragter, der
Domkapitular *Wilhelm Böhler*, waren in intensiven Auseinan-
dersetzungen – insbesondere mit dem Präsidenten des Parlamentarischen Rates, *Konrad Adenauer*, und dem Mitglied des
Parlamentarischen Rates, *Theodor Heuss* – darauf bedacht, die
verfassungsrechtlichen Grundlagen der Bundesrepublik auch
christlich zu gestalten. Im Pathos der 40er Jahre liest sich
ein Hirtenwort der deutschen Bischöfe (Fuldaer Bischofskonferenz vom 26.08.1948) so: »Wir wollen dafür Sorge
tragen, dass die Grundsteine (der Verfassung) mit der Ehr-
furcht vor Gott gesalbt und nicht in den Schatten der Got-
tesferne gelegt werden« (S. 68). *Kardinal Frings* äußerte sich
in einem Schreiben an *Adenauer* vom 25. Oktober 1948 noch
deutlicher: In einer Verfassung seien Grundsätze zu veran-
kern, die einerseits die Stellung des Menschen im Staat regeln, wie das Recht der Eltern auf eine Bekenntnisschule, die
Sicherung des Religionsunterrichts, den Schutz der Privat-
schule und Regelungen über die Unverletzlichkeit von ge-
borenem und ungeborenem Leben und andererseits das Kir-
che-Staat Verhältnis nicht ungeregelt ließen (S. 80). All dieses
fehlte in einem ersten Verfassungsentwurf des Grundrechts-
ausschusses, der von einer stärkeren Regelungskompetenz
durch die Länder ausging und nur Kernpunkte (»Mindest-
normen«) regeln wollte. Der Kirche ging es dabei nach dem
totalitären Trauma um eine grundlegende Reform des gesellschaftlichen Lebens (S. 128). *Burkhard van Schewick*, Die Katholische Kirche und die Entstehung der Verfassungen in West-
deutschland 1945–1950, Mainz 1980.

48 Zu den Gefahren einer parallel laufenden Gleichgültigkeit:
Hans Meier, Kirche – Staat – Gesellschaft, in: Krautscheidt/
Marré (Hrsg.), Essener Gespräche zum Thema Staat und Kir-
che, 1. Band, Münster 1969, S. 17.

49 *Peter Badura*, Das Grundgesetz vor der Frage des religiösen und
weltanschaulichen Pluralismus, in: Baadet/Rauscher (Hrsg.),
Religion, Recht und Politik, Graz 1997, S. 39 ff. (41).

50 *Karl Gabriel*, Christentum zwischen Tradition und Postmoderne, Freiburg 1992, S. 141.

51 Siehe dazu auch weiter unten D. II.

52 Deren Ursprünge man in der Apologetik am Ausgang der ur-
christlichen Phase sehen kann, *Gerd Theißen*, Das Neue Testament, 3. Aufl., München 2006, S. 115.

53 *Wolfgang Huber*, Gerechtigkeit und Recht. Grundlinien christlicher Rechtsethik, 3. Aufl., Gütersloh 2006, S. 205 ff. Nach
Joseph Ratzinger steht der christliche Glaube dafür ein, dass die
Welt aus der Vernunft kommt und Vernunft somit ihr Maß
und Ziel ist; eine Vernunft, die schöpferisch ist und sich im
gekreuzigten Sohn Gottes als Liebe gezeigt hat. *Joseph Ratzinger*
in: *Pera/Ratzinger*, Ohne Wurzeln. Der Relativismus und die
Krise der europäischen Kultur, Augsburg 2005, S. 80.

54 *Martin Heckel*, Der Einfluss des christlichen Freiheitsverständ-
nisses auf das staatliche Recht, in: Marré/Schümmelfelder/
Kämper (Hrsg.), Essener Gespräche zum Thema Staat und
Kirche, 30. Band, Münster 1996, S. 82 ff.

55 *Christian Hillgruber*, Staat und Religion, DVBl. 1999, 1155
(1178).

56 Zur Idee einer zweiten Aufklärung vgl. *Neil Postman*, Building
a Bridge to the Eighteenth Century, New York 1999, der Titel ins Deutsche übersetzt als »Die zweite Aufklärung«, Berlin 2001. Dabei referiert Postman Siegmund Freud mit der »erwachsen gewordenen Menschheit«, a.a.O., S. 138.

57 Siehe dazu oben B. IV.

58 Dazu *Benedikt XVI.*, Eine menschlichere Welt für alle. Die Rede
vor der Generalversammlung der Vereinten Nationen am 18.
April 2008, 2008; siehe dazu auch den Beitrag *Udo Di Fabio*,
Caput mundi. Die Frage nach der Gerechtigkeit des Rechts
vor der Versammlung der Welt, ebenda, S. 59 ff.

59 »Anders als in neuerer Zeit behauptet worden ist, bedeutet
religiöse und weltanschauliche Neutralität des Staates nicht
Indifferentismus von Staat und Recht gegenüber Religion
und Kirche oder gar das Gebot des Ignorierens von Reli-

gion und Kirche durch Staat und Recht. Wesentliche Rechts-
werte – etwa des Familien- oder Strafrechts – (könnten)
ohne ihre Fundierung in einem mehr oder weniger religiös
oder weltanschaulich entwickelten Kulturhorizont nicht
verstanden werden.« *Peter Badura*, Das Grundgesetz vor der
Frage des religiösen und weltanschaulichen Pluralismus, in:
Baadet/Rauscher (Hrsg.), Religion, Recht und Politik, Graz
1997, S. 39 ff. (42 f.).

E.
Kirche und Staat

1 Festrede zum Jahresempfang der Kirchenleitung der Evangelischen Landeskirchen am Reformationstag 2006 aus Anlass
des zehnjährigen Bestehens des Staat-Kirche-Vertrages in der
St. Nikolaikirche Potsdam.

2 Hier gilt es zu unterscheiden, weil die Frage der Fortgeltung
des Vertrages zwischen dem Freistaat Preußen und den Evangelischen Landeskirchen vom 11. Mai 1931 durchaus kontro-
vers beurteilt wurde, weswegen der geltende brandenbur-
gische Kirchenvertrag die Kompromissformel »unter Wür-
digung« enthält.

3 Als Erneuerung oder modifizierende Bekräftigung kann man
die in den neuen Ländern nach 1990 geschlossenen Staatskirchenverträge vor allem dann sehen, wenn die Fortgeltung
des sog. Preußenvertrages in Rede steht, siehe dazu *Hartmut
Johnson*, Staatskirchenverträge in den neuen Bundesländern,
ZevKR 43 (1998), S. 182 ff. (196 ff.).

4 *Johannes Wallmann*, Kirchengeschichte Deutschlands seit der
Reformation, 6. Auflage, 2006, S. 167 f. Siehe auch *Gerhard
Robbers*, Ausgangspunkte des deutschen Staatskichenvertrags-
rechts, in: von Putza/Kustermann (Hrsg.), Neue Verträge
zwischen Kirche und Staat. Die Entwicklung Deutschlands
in Polen, Fribourg 1996, S. 51 (52).

5 *Johannes Wallmann*, Kirchengeschichte Deutschlands seit der Reformation, S. 243.

6 Siehe etwa *Hermann Lübbe*, Säkularisierung. Geschichte eines ideenpolitischen Begriffs, 3. Aufl., Freiburg 2003.

7 *Gerd Roellecke*, Die Entkopplung von Recht und Religion, JZ 2004, 105 (108).

8 Siehe etwa *Stefan Ruppert*, Kirchenrecht und Kulturkampf, Tübingen 2002, S. 15 f.

9 Bezeichnend für den deutschen Verfassungskompromiss ist heute Art. 7 GG, insbesondere sein Abs. 3. Siehe zum Religionsunterricht: *Christoph Link*, in: Listl/Pirson (Hrsg.), Handbuch des Staatskirchenrechts, § 54, S. 503 ff.

10 Zu diesem Zusammenhang: *Christian Starck*, Grundrechtliche und demokratische Freiheitsidee, in: Isensee/Kirchhof (Hrsg.), Handbuch des Staatsrechts, 3. Auflage, Bd. III, § 33; *Ernst-Wolfgang Böckenförde*, Demokratie als Verfassungsprinzip, in: Isensee/Kirchhof (Hrsg.), Handbuch des Staatsrechts, 3. Auflage, Bd. II, § 24 Rdnrn. 35 ff.

11 *Udo Di Fabio*, Die Kultur der Freiheit, 2005, S. 75 ff.

12 Dazu etwa *Arnd Uhle*, Staat – Kirche – Kultur, Berlin 2004, S. 157.

13 Vgl. auch Art. 7 des brandenburgischen Kirchenvertrages.

14 *Wolfgang Huber*, Glaube und Vernunft, FAZ vom 31. Oktober 2006, S. 10.

15 *Hans-Ulrich Anke*, Die Neubestimmung des Staat-Kirche-Verhältnisses in den neuen Ländern durch Staatskirchenverträge, Tübingen 2000, S. 340.

16 *Rolf Schieder*, Wieviel Religion verträgt Deutschland?, Frankfurt a. M. 2001, S. 35.

17 Zu dem für den Staat verbindlichen Gebot weltanschaulich-religiöser Neutralität: BVerfGE 18, 385 (386); 19, 206 (216); 24, 236 (246). Zum Grundsatz der Parität der Kirchen und Bekenntnisse BVerfGE 19, 1 (8); 24, 236 (246).

18 Siehe dazu: *Christian Walter*, ›Ceremonial Deism‹ und nationale Identität der USA: Neue und ältere Rechtsprechung ame-

rikanischer Gerichte zur Verwendung religiöser Symbole in der Öffentlichkeit, in: Kippenberg/Folke Schuppert (Hrsg.), Die verrechtlichte Religion, 2005, S. 249–270, hier 253f. Die Übernahme eines Teils der Rechtsprechung des Supreme Courts zur Establishment Clause des ersten Zusatzartikels ist kaum erstrebenswert; etwas anders gewichtend wohl *Stefan Magen*, Staatskirchenrecht als symbolisches Recht?, in: Lehmann (Hrsg.), Koexistenz und Konflikt von Religionen im vereinten Europa, Göttingen 2004, S. 30 ff. (41 f.).

19 BVerfGE 102, 370 (392).

F.
Religion: Fundament oder Belastung der Demokratie?

1 Festvortrag im Rahmen der Reformationsfeier der Evangelischen Kirche in Hessen und Nassau, Lutherkirche Wiesbaden, Reformationstag 2008.

2 *Max Weber*, Die protestantische Ethik und der »Geist« des Kapitalismus, Textausgabe auf der Grundlage der ersten Fassung von 1904/05, 2. Auflage 1996, S. 122.

3 Art. 20 Abs. 2 GG; siehe auch BVerfGE 44, 125 (140 f.).

4 *Allen Buchanan*, Justice, Legitimacy, and Self-Determination: Moral Foundations for International Law (Oxford Political Theory), Oxford University Press, USA 2007; Antonio Cassese, Self-Determination of Peoples: A Legal Reappraisal (Hersch Lauterpacht Memorial Lectures), Cambridge University Press, UK 1999.

5 *Peter Badura*, Die parlamentarische Demokratie, in: Isensee/ Kirchhof (Hg.), Handbuch des Staatsrechts, Bd. II, 2004, Rdnrn. 28 ff.

6 Zur Bedeutung Jean Bodins: *Claudia Opitz-Belakhal*, Das Universum des Jean Bodin. Staatsbildung, Macht und Geschlecht im 16. Jahrhundert, 2006,

7 Dazu näher in diesem Band Kapitel B. VI.

8 Vgl. Ulrich *Haltern*, Was bedeutet Souveränität?, 2007, S. 40.

9 *Frank Deppe*, Niccolo Machiavelli. Zur Kritik der reinen Politik, 1987.

10 Vgl. *Guido Palazzo*, Die Mitte der Demokratie. Über die Theorie deliberativer Demokratie von Jürgen Habermas, 2002.

11 Die Begrenzung dieses positivistischen Ansatzes fällt, wenn nicht auf höhere Geltungsebenen des Rechts rekurriert werden kann, schwer. Ein Vorschlag ist die Radbruchsche Formel. Dazu *Hidehiko Adachi*, Die Radbruchsche Formel: eine Untersuchung der Rechtsphilosophie Gustav Radbruchs, 2006. Die von Radbruch 1946 formulierte Derogationsregel hat aber auch für den auslegungserprobten Juristen wenig mit der Präzision einer Formel gemein.

12 *Udo Di Fabio*, Der Verfassungsstaat in der Weltgesellschaft, 2001, S. 114 ff.

13 BVerfGE 31, 58 (85): »Leitidee des Grundgesetzes«.

14 BVerfGE 33, 23 (24).

15 BVerfGE 33, 23 (28).

16 Dies entsprach einer gewissen Grundfärbung der Grundrechtsjudikatur in Richtung liberaler Ausdehnung. Siehe dazu in diesem Band unter C. I.

17 BVerfGE 33, 23 (29 ff.).

18 BVerfGE 104, 337 ff.

19 BVerfGE 108, 282 ff.

20 *Bodo Scheurig*, Henning von Tresckow: Ein Preusse gegen Hitler, 2004.

21 Bekannt wurde er auch durch sein unmittelbar nach Ende des Krieges bereits geschriebenes Buch: Offiziere gegen Hitler, Siedler 1983.

22 BVerfGE 33, 23 (35 f.).

23 Wer hier deutlich unterscheidet, wird sich zum Verhältnis von Staat und Religion, von Glaubensgewissheit und Toleranz anders verhalten als jemand, der die Einheit betont. Vgl. zum Islam insoweit *Arnd Uhle*, Staat – Kirche – Kultur, 2004, S. 160 f.

24 BVerfGE 33, 23 (37).

25 BVerfGE 33, 23 (37).

26 Religion beobachtet die Unbeobachtbarkeit der Welt und des Beobachters. *Niklas Luhmann* »vermutet« »in diesem Bereich der Unbeobachtbarkeit, in dem Beobachten und Welt als Voraussetzung des Beobachtens nicht unterschieden werden können (im ›unmarked state‹ also), den Ausgangspunkt der Probleme, die dann als Sinnformen der Religion behandelt und der Evolution ausgesetzt werden«, Luhmann, Die Religion der Gesellschaft, 2002, S. 31.

27 *Niklas Luhmann*, Die Religion der Gesellschaft, 2002, S. 29. Zur zweiwertigen Codierung taugt dies für Luhmann aber nicht, er schlägt Transzendenz/Immanenz vor, a.a.O. S. 320 ff.

28 Vgl dazu *Josef Isensee*, Wer definiert die Freiheitsrechte?, Heidelberg u.a. 1980, S. 7 ff.

29 Vgl. *Hans-Georg Aschoff* (Hrsg.), Gott in der Verfassung. Die Volksinitiative zur Novellierung der Niedersächsischen Verfassung, 1995; vgl. auch *Jörg Ennuschat*, »Gott« und Grundgesetz. Zur Bedeutung der Präambel für das Verhältnis des Staates zu Religion und Religionsgemeinschaften, NJW (Neue Juristische Wochenschrift) 1998, S. 953 ff.

30 *Hegel*, Phänomenologie des Geistes, V. B., Meiner 1988, S. 234 f.

31 Die Herleitung des status activus folgt weitgehend der Statuslehre *Georg Jellineks*, System der subjektiven öffentlichen Rechte, 2000 (1892).

32 Näher dazu in diesem Band B. IV. und D. VI.

33 Zum Thema Relativismus und Toleranz siehe in diesem Band unter B.

34 BVerfGE 33, 23 (41 f.).

Die »Berliner Reden zur Religionspolitik« werden vom Program on Religion and Politics an der Humboldt-Universität zu Berlin veranstaltet. Das im Jahre 2004 ins Leben gerufene Programm geht davon aus, dass trotz der Trennung von Kirche und Staat Religion und Politik einander nicht ignorieren können. Das erfordert von Seiten des Staates eine aktive Religionspolitik, die Religionsfreiheit gewährleistet und von den Religionsgemeinschaften eine politische Ethik, die pluralismusfähig ist.

Ein Forschungsschwerpunkt der vergangenen Jahre war die Untersuchung transatlantischer religionspolitischer Paradoxien, aber auch die Frage, welche Risiken von Religionen ausgehen. Die Professoren Dietrich Benner, Andreas Feldtkeller, Herfried Münkler, Rolf Schieder, Bernhard Schlink, Richard Schröder und Johannes Zachhuber (Oxford), die Privatdozenten Karsten Fischer, Nils Ole Oermann sowie die wissenschaftlichen Mitarbeiter Katja Guske, Jakob Nolte, Dagmar Pruin und Joachim Willems tragen zur Zeit das Programm (www.religion-and-politics.de).

Religionsökonomischen Fragen widmet sich das Program on Religion, Politics and Economics, das von Rolf Schieder und Nils O. Oermann geleitet wird. Jährlich findet die Haniel Summer School on Religion, Politics and Economics an der Humboldt-Universität statt, die Schnittflächen zwischen Religion und Ökonomie erforscht. Sowohl die Summer School als auch die »Berliner Reden zur Religionspolitik« werden von der Haniel Stiftung gefördert.

Auch diese Publikation erfolgte mit freundlicher Unterstützung der

HANIEL STIFTUNG

Berliner Reden zur Religionspolitik,
herausgegeben von Rolf Schieder:

José Casanova
Europas Angst vor der Religion
180 Seiten, gebunden
ISBN 978-3-940432-47-6
Erscheint: März 2009

Marcia Pally
Die hintergründige Religion
Der Einfluss des Evangelikalismus
auf Gewissensfreiheit, Pluralismus
und die US-amerikanische Politik
143 Seiten, gebunden
ISBN 978-3-940432-30-8

Wolfgang Schäuble
Braucht unsere Gesellschaft Religion?
Vom Wert des Glaubens
160 Seiten, gebunden
ISBN 978-3-940432-54-4

Alle Informationen unter: www.berlinuniversitypress.de
Kontakt: info@berlinuniversitypress.de